CMAC会计能力成熟度认证系列教材

实习会计岗位基础与认知

（CMAC 一级）

浙江衡信教育科技有限公司　组编

主　编　李　媛　周铭梨
副主编　屠晓佳　陈肖松
参　编　王　翠　陈永清　何义山　陈美娟　邵　露　黄　妙
　　　　　陈　影　楼晴静　沈苗华　梁永强　余笑冰　赵丽金
　　　　　刘晓钰　陈荣华　蒋芬芬
主　审　李高齐

机械工业出版社

随着财税制度的改革和金税三期的上线,企业对会计实习员执业能力的要求大大提高。本书以实习会计岗位能力为编写依据,适应会计教育课程改革,力图充分反映教育教学改革和发展的实践要求,用真实企业岗位能力需求来引导会计教学行业改革。本书共七个项目,涵盖会计基础工作认知、复式记账法、存货计价方法、账务处理程序、错账更正、现金管理及发票管理等内容。本书的特色主要有两点:一是结合实际,按照企业实际工作中会计实习岗位执业要求编写;二是内容前沿,本书中会计处理按照目前适用的会计准则进行处理。本书可以使读者尽快掌握会计实习员的岗位技能,达到毕业即可上岗的水平。

本书适用于财会及相关专业在校学生及其他有志于从事会计职业的自学人士。

图书在版编目(CIP)数据

实习会计岗位基础与认知:CMAC一级 / 李媛,周铭梨主编. —— 北京:机械工业出版社,2018.8
CMAC会计能力成熟度认证系列教材
ISBN 978-7-111-60551-5

Ⅰ.①实⋯ Ⅱ.①李⋯ ②周⋯ Ⅲ.①会计学—岗位培训—教材 Ⅳ.①F230

中国版本图书馆CIP数据核字(2018)第232714号

机械工业出版社(北京市百万庄大街22号 邮政编码100037)
策划编辑:李 兴　　责任编辑:贺瑞珍
责任校对:杨青青　　封面设计:马精明
责任印制:张 博
三河市国英印务有限公司印刷厂印刷
2018年10月第1版第1次印刷
184mm×260mm・11印张・211千字
0001—3000册
标准书号:ISBN 978-7-111-60551-5
定价:30.00元

凡购本书,如有缺页、倒页、脱页,由本社发行部调换

电话服务	网络服务
服务咨询热线:010-88379833	机 工 官 网:www.cmpbook.com
读者购书热线:010-88379649	机 工 官 博:weibo.com/cmp1952
	教育服务网:www.cmpedu.com
封面无防伪标均为盗版	金 书 网:www.golden-book.com

CMAC 会计能力成熟度认证系列教材编写委员会

主 任：王妙娟
副主任：巫惠林　郑红英　何颖丽　金爱华
委　员：郎东梅　方忠良　吴志坤　张玮娟　崔　静　黄玉珍
　　　　　康雪垚　郭继宏　陈　翼　吴玉红　刘国艳　苟志霞
　　　　　陈　捷　何　洪　李贵勇　肖　敏　贾振纲　王秀娟
　　　　　陈秀波　顾关胜　祁美云　李　莉　孙伟力　方德举
　　　　　薄海民　刘　莉　何万能　冯燕萍　李清水

前　言

2018年2月，中共中央办公厅、国务院办公厅印发的《关于分类推进人才评价机制改革的指导意见》指出，人才评价是人才发展体制机制的重要组成部分，是人才资源开发管理和使用的前提；鼓励行业企业参与到专业人才评价中来，建立社会化、市场化的人才评价制度，发挥多元评价主体作用。

随着国家创新创业战略的推进、财税制度改革的不断深入以及金税三期部署效果的逐渐显现，企事业单位对会计人才的需求非常旺盛，且用人单位对会计学生的执业能力、综合素养等也提出了越来越高的要求，因此社会迫切希望有既可科学评价会计专业执业水平、又能牵引学生学习和老师教学的评价体系和标准。

经多方调研、评估，由中国商业会计学会联合税友集团开发的CMAC认证体系特别符合现阶段我国会计专业岗位能力认证的需求，符合企业用人的能力与素养要求。

CMAC是会计能力成熟度认证的简称，是根据会计岗位职责和岗位能力的要求，采用分岗位、逐级递进、理论与实务、线上与线下相结合的方式制定的认证体系。

CMAC认证基于各岗位职责所需要的财税专业能力、职业素养、工作方法和习惯、工具软件等能力维度，构建以会计、财务、税法、经济法、金融结算等法律、法规、准则、制度、规则、指南为基础；以试题库、案例库为载体、按照最小颗粒度为知识点与试题联动挂钩为原则；运用大数据采集分析手段，凭借开放又不失严谨的认证机制，进行数据化评价。CMAC认证有利于整体上提升会计人员执业能力和综合素养，提升会计从业人员和工作者为企业创造价值的能力。

CMAC会计能力成熟度认证系列教材根据CMAC认证岗位（实习会计、出纳、初级税务专员及代理记账师）能力指标配置相关的教学内容。

本书依据实习会计岗位能力指标编写相关的财税专业知识。全书共分七个项目，以实习会计岗位能力需要的财税专业知识为主线，进行系统展示。七个项目的内容分别是会计基础工作认知、复式记账法、存货计价方法、账务处理程序、错账更正、现金管理、发票管理。

本书的特点是与实际企业岗位的专业技能要求高度吻合，实用性强。读者通过本书的学习，可以掌握实际工作中实习会计岗位所需的财税专业知识，胜任该岗位。

本书由国内的注册会计师、注册税务师、教授及高校老师组成的专业团队编写，还得到税友软件集团股份有限公司浙江衡信教育科技有限公司李高齐总经理的大力支持和帮助。本书由李媛、周铭梨任主编；由屠晓佳、陈肖松任副主编。参与编写的还有王翠、陈永清、何义山、陈美娟、邵露、黄妙、陈影、楼晴静、沈苗华、梁永强、余笑冰、赵丽金、刘晓钰、陈荣华、蒋芬芬。最后，本书由李高齐审定。

本书在撰写过程中参阅了大量优秀的论著和相关文献资料，在此对上述作者表示衷心的感谢。鉴于企业会计准则和税收政策的动态性，书中仍难免存在疏漏和不妥之处，敬请广大读者批评指正，以便日后补正修订。

编者

目 录

前 言

项目一　会计基础工作认知 …………………………………… 1

　任务一　了解会计基础工作 ……………………………………… 1
　任务二　学习会计基础工作规范 ………………………………… 8
　任务三　了解会计法律责任 ……………………………………… 27

项目二　复式记账法 …………………………………………… 38

　任务一　掌握借贷记账法 ………………………………………… 38
　任务二　学习编制会计分录 ……………………………………… 50
　任务三　掌握试算平衡 …………………………………………… 53

项目三　存货计价方法 ………………………………………… 61

　任务一　了解存货计价方法 ……………………………………… 61
　任务二　掌握个别计价法 ………………………………………… 66
　任务三　掌握先进先出法 ………………………………………… 69
　任务四　掌握加权平均法 ………………………………………… 72

项目四 账务处理程序 … 78

  任务一 学习记账凭证账务处理程序 … 78
  任务二 学习科目汇总表账务处理程序 … 96
  任务三 学习汇总记账凭证账务处理程序 … 101

项目五 错账更正 … 107

  任务一 了解错账更正 … 107
  任务二 掌握划线更正法 … 111
  任务三 掌握红字更正法 … 114
  任务四 掌握补充登记法 … 117

项目六 现金管理 … 128

  任务一 学习现金管理 … 128
  任务二 了解《现金管理暂行条例实施细则》 … 135

项目七 发票管理 … 144

  任务一 了解发票管理 … 144
  任务二 学习发票的领购流程 … 153
  任务三 学习发票的开具和保管 … 155
  任务四 了解发票管理的法律责任 … 161

项目一

会计基础工作认知

任务一　了解会计基础工作

【任务描述】

（1）了解会计基础工作的内容；

（2）了解会计基础工作的基本要求。

【知识储备】

随着经济全球化的不断深入，在市场经济稳步发展的初会背景下，我国企业所面临的市场竞争也日趋激烈。资本市场优胜劣汰的游戏规则要求企业必须从内部管理及运营机制入手进行规范化管理。而财务会计作为企业管理体系当中的组成部分，对于企业管理的开展效果、会计核算的标准化、会计信息的质量以及企业的发展等都有着不同程度的影响。本项目主要讲述会计基础工作的内容。

一、会计基础

（一）会计的概念

会计是为适应人类生产实践和经济管理的客观需要而产生的，并随着生产的不断发展而发展。从会计产生和发展的历史来看，会计既是经济管理必不可少的工具，同时又是经济管理的组成部分。因此，任何社会的经济管理活动，都离不开会计，经济越发展，管理越要加强，会计就越重要。正是基于此，会计从生产职能中分离出来，由生产职能的附带部分成为特殊、专门的独立职能。"过程越是按社会的规模进行，越是失去纯粹个人的性质，作为对过程的控制和对观念的总结的簿记就越是必要。因此，簿记对资本主义生产，比对手工业和农民的分散生产更为必要，对公有生产，比对资本主义生产更为必要。"在商品货币经济环境下，会计主要采用货币计量尺度，运用其独特的技术方法，向有关的关系人提供社会经济生活所需的经济信息，同时，还将利用所掌握的信息，参与经营管理，尽量少费多得，以最大限度地提高效益。由此，会计的概念可以表述为：

会计是以货币为主要计量单位，以凭证为依据，借助于专门的技术方法，对一定单位的资金运动进行全面、综合、连续、系统的核算与监督，向有关方面提供会计信息、参与经营管理、旨在提高经济效益的一种经济管理活动。

（二）会计的基本特征

1. 会计以货币为主要计量单位

以货币为主要计量单位，使得会计所提供的会计信息具有高度的综合性；以资金运动为对象，使得会计的核算和监督具有全面性；以特定的专门方法，通过账簿的序时分类登记，使得各种会计资料具有连续性、系统性。会计不仅要对已经发生和已经完成的经济业务进行计量、记录、监督，还要对未来的经济活动（各种费用计划、预算等）加以事前监督，参与企业的经济预测、决策、控制、考核和分析等。

2. 会计拥有一系列专门方法

会计的方法是指用来核算和监督会计内容、完成会计任务的手段。会计的方法包括会计核算方法、会计分析方法和会计检查方法。会计核算方法是对经济活动进行全面、综合、连续、系统的记录和计算，为经营管理提供必要信息所应用的方法，它是整个会计方法体系的基础。会计核算方法主要包括以下几种：

（1）设置账户，就是对会计对象的具体内容进行归类核算和监督的一种专门方法。

（2）复式记账，就是对任何一笔经济业务都以相等的金额，在两个或两个以上的相关账户中作相互联系的登记，从而能够全面、系统地核算经济业务对各会计要素的影响及其结果。

（3）填制和审核会计凭证，会计凭证是用来记录经济业务、明确经济业务责任，并据以登记账簿的书面凭证。

（4）登记账簿，就是根据会计凭证，在账簿上连续、完整、系统地记录经济业务的一种专门方法。

（5）成本计算，就是按一定对象归集各个经营时期发生的费用，从而计算各个对象的总成本和单位成本的一种专门方法。

（6）财产清查，是指通过对货币资金、实物资产和往来款项的盘点或核对，确定实存数，查明账存数与实有数是否相符的一种专门方法。

（7）编制会计报表，就是以书面报告的形式，定期总括地反映企事业单位财务状况、经营成果和现金流量变动情况的一种专门方法。

3. 会计具有核算和监督的基本职能

会计核算和监督的基本职能是对发生的经济业务以会计语言进行描述，并在此基础上对经济业务的合法性和合理性进行审查。

4. 会计的本质就是管理活动

会计的本质就是一项经济管理活动，它属于管理范畴。

（三）会计基本假设

为了连续、系统、全面地核算和监督企业的经济活动和财务状况，就需要对不确定的经济环境和企业自身的经营活动作出合理的判断，而这种合理的判断则构成了企业会计核算的前提条件。这些条件是人们在长期的会计实践中逐步认识和总结出来的，当前人们一般把会计核算前提概括为四项，即会计主体、持续经营、会计分期和货币计量。

1. 会计主体

会计主体是指会计人员所核算和监督的特定单位，是会计核算和监督的空间范围。会计主体前提要求会计人员只能核算和监督所在主体的经济业务。会计制度规定，会计核算应当以企业发生的各项交易或事项为对象，记录和反映企业本身的各项生产经营活动。应当注意的是，会计主体与法律主体（法人）并非是对等的概念，法人可作为会计主体，但会计主体不一定是法人。例如，由自然人所创办的独资或合伙企业不具有法人资格，这类企业的财产和债务在法律上被视为业主或合伙人的财产和债务，但在会计核算上必须将其作为会计主体，以便将企业的经济活动与其所有者个人的经济活动以及其他实体的经济活动区别开来。又如，企业集团由若干个具有法人资格的企业组成，各个企业是独立的会计主体，但为了反映整个集团的财务状况、经营成果及现金流动情况，还应编制该集团的合并财务会计报告。而这里的企业集团是会计主体，但通常不是一个独立的法人。

2. 持续经营

持续经营是指会计主体在可预见的未来，将根据正常的经营方针和既定的经营目标持续经营下去。即在可预见的未来，该会计主体不会破产清算，所持有的资产将正常营运，所负有的债务将正常偿还。如果说会计主体是一种空间界定，那么持续经营就是一种时间上的界定。会计制度规定，会计核算应当以企业持续、正常的生产经营活动为前提。持续经营前提的主要意义在于，它可使会计原则建立在非清算基础之上，从而为解决很多常见的资产计价和收益确认问题提供了基础。

3. 会计分期

根据持续经营前提，企业的生产经营活动将持续不断地进行下去。为了及时获得会计信息，更好地进行会计核算和监督，需要合理地划分会计期间，即进行会计分期。所谓会计分期，就是将企业的经营活动人为划分成若干个相等的时间间隔，以便确认某个会计期间的收入、费用、利润，确认某个会计期末的资产、负债、所有者权益，编制财务会计报告。会计制度规定，会计核算应当划分会计期间，分期结算账目和编制财务会计报告。会计期间分为年度、半年度、季度和月度，按公历确定起讫日期。

这一基本前提的主要意义在于，界定了会计信息的时间段落，为权责发生制、划分收益性支出与资本性支出等会计原则奠定了理论与实务基础。

4. 货币计量

货币计量是指在会计核算中，以货币作为统一计量单位。会计制度规定，企业的会计核算以人民币为记账本位币；业务收支以外币为主的企业，可以选定其中一种货币作为记账本位币，但编制的财务会计报告应当折算为人民币。

货币计量前提还包括币值不变这一假定，即假定企业在不同时期的每一单位货币或同量货币具有完全相同的价值。这样，不同时期取得的不同性质、不同价值的资产或负债就可以分类相加；不同时期发生的收入和费用也可以相抵，以确定盈亏。

（四）会计基础

会计基础是指会计以什么为标准来确认、计量和报告企业单位的收入和费用，目的是更加真实、公允地反映企业单位某一特定日期的财务状况和某一特定期间的经营成果。

会计基础按其以应收应付还是实收实付作为确认、计量和报告企业单位的收入和费用的标准，可以分为权责发生制和收付实现制两类会计基础。

企业的资源流动会引起相应的现金流动，但由于存在会计分期，现金实际的收付期间和资源流动的发生期间往往会出现不一致的情况。这样，在确认资产、负债、收入和费用时，就可能出现两种会计基础，即收付实现制和权责发生制。企业会计核算应当以权责发生制为基础进行会计确认、计量和报告。

1. 权责发生制

权责发生制，也称应计制或应收应付制，是以权利或责任的发生与否为标准来确认收入和费用。凡属本期的收入，不管其款项是否收到，都应作为本期的收入；凡属本期应当负担的费用，不管其款项是否付出，都应作为本期的费用。反之，凡不应归属本期的收入，即使款项在本期收到，也不应作为本期的收入；凡不应归属本期的费用，即使款项已经付出，也不能作为本期的费用。

采用权责发生制的优点是：可以正确反映各个会计期间所实现的收入和为实现收入所应负担的费用，从而可以把各期的收入与其相关的费用、成本相配合，加以比较，正确确定各期的财务成果。其缺点是：实务处理繁琐。因为企业不可能在日常的会计工作中对每项业务都按权责发生制来记录，因而就需要在期末按权责发生制的要求进行账项调整。绝大多数企业采用这一基础记账。

2. 收付实现制

与权责发生制相反的是收付实现制，也称现金制，是以现金收到或付出为标准，来记录收入的实现或费用的发生。凡属本期收到的收入和支出的费用，不管其是否应归属本期，都作为本期的收入和费用；反之，凡本期未收到的收入和未支付的费用，即使应归属本期收入和费用，也不能作为本期的收入和费用。

采用收付实现制的优点是：会计记录直观，便于根据账簿记录来量入为出；会计处理简便，不需要对账簿记录进行期末账项调整。然而，收付实现制这种确认本期收入、费用的方法不符合配比原则。其缺点是：不能正确计算各期损益，因而适用于各级人民政府的财政会计、行政单位会计和不实行成本核算的事业单位会计。

二、会计基础工作的概念

会计基础工作是会计工作的基本环节，是企业管理工作的重要基础。强化会计基础工作，对提高企业经济效益，提高会计人员素质有着极为重要的作用。

会计基础工作是对会计核算和会计管理服务的统称，主要是指企业根据会计核算和监督的要求设置会计机构、配备会计人员，进行会计核算和会计服务。它是会计工作的基本环节，也是会计工作有序进行的重要保证。

会计基础工作主要包括会计凭证的格式设计、取得、填制、审核、传递、保管等；

会计账簿的设置、格式、登记、核对、结账等；会计报表的种类设置、格式设计、编制和审核要求、报送期限等；会计档案的归档要求、保管期限、移交手续、销毁程序等；会计电算化的硬件和软件要求、数据安全、资料保管等；会计监督的基本程序和要求，会计机构的设置要求，会计人员配备和管理要求，会计人员岗位责任制的建立和职责分工，会计人员职业道德的建立和执行，会计工作交接的程序，单位内部会计管理制度的建立和实施等。会计基础工作是一个比较广泛的概念，有的甚至将与会计工作有直接或间接联系的工作，如定额管理、计量管理、指标考核等也纳入会计基础工作的范畴，这也说明会计基础工作在范围上的广泛性。此外，会计基础工作的概念及其范围不是固定不变的，它会随着会计职能的扩展而不断发展，必须结合单位内部管理的需要和会计管理职能的发展来理解和界定会计基础工作的内涵和外延，从而不断改进和提高对会计基础工作的管理水平。

三、会计基础工作的基本要求

会计基础工作的基本要求主要包括对会计核算依据的基本要求、对会计资料的基本要求、对会计电算化的基本要求、对会计机构和会计人员的配备及管理要求、会计档案管理要求、会计监督的基本程序和要求、单位内部会计管理制度等。

（一）对会计核算依据的基本要求

会计核算必须以实际发生的经济业务事项为依据。实际发生的经济业务事项是指各单位在生产经营或预算执行过程中发生的，包括引起或未引起资金增减变化的经济活动。以实际发生的经济业务事项为依据进行会计核算，是会计核算的重要前提，是填制会计凭证、登记会计账簿、编制财务会计报告的基础，是保证会计资料质量的关键。而以虚假的经济业务事项或资料进行会计核算，是一种严重的违法行为。以不真实甚至虚假的经济业务事项为核算对象，会计核算就没有规范和约束，据此提供的会计资料不仅没有可信度，相反会误导使用者，侵害利益相关者的权益，扰乱社会经济秩序。

（二）对会计资料的基本要求

会计资料必须符合国家统一的会计制度的规定。会计资料是在会计核算过程中形成的记录和反映实际发生的经济业务事项的资料，包括会计凭证、会计账簿、财务会计报告和其他会计资料。会计资料所记录和提供的信息也是一种重要的社会资源。

1. 会计凭证

会计凭证是记录经济业务事项的发生和完成情况，明确经济责任，并作为记账依据的书面证明，是会计核算的重要会计资料。如何填制、审核会计凭证是会计核算工作的首要环节，对会计核算过程、会计资料质量都起着至关重要的作用。会计凭证包括原始凭证和记账凭证。及时填制或取得原始凭证是会计核算工作得以正常进行的前提条件。对原始凭证进行审核，是确保会计资料质量的重要措施之一，也是会计机构、会计人员的重要职责。记账凭证的编制，必须以经过审核无误的原始凭证及有关资料为依据，以保证记账凭证的质量。

2. 会计账簿

会计账簿是指以会计凭证为依据，由一定格式并相互联系的账页组成的，对单位全部的经济业务进行全面分类、系统序时登记和反映的簿籍，是会计资料的主要载体之一，也是会计资料的重要组成部分。依法设置会计账簿，是单位进行会计核算的最基本的要求。以经过审核的会计凭证为依据登记会计账簿，是保证会计资料记录真实、完整的重要基础。

3. 财务会计报告

财务会计报告是企业和其他单位向有关各方面及国家有关部门提供财务状况和经营成果的书面文件。

财务会计报告的编制应当符合法定要求。财务会计报告的编制，包括编制依据、编制要求、提供对象、提供期限等，是会计核算工作的重要环节。财务会计报告不仅是一个单位会计工作的最终成果，更是一个单位财务状况和经营成果的全面总结和综合体现。

4. 其他会计资料

其他会计资料包括会计人员岗位责任制度、财务处理程序制度、内部牵制制度、稽核制度、原始记录管理制度、定额管理制度、计量验收制度、财产清查制度、财务收支审批制度、成本核算制度、财务会计分析制度等。它们也是会计资料不可缺少的部分。

（三）对会计电算化的基本要求

会计电算化，是将以电子计算机为主的当代电子和信息技术应用于会计工作中的简称，是采用电子计算机替代手工记账、算账、报账以及对会计资料电子化分析和利用的现代记账手段。实现会计电算化，是现代化管理和会计自身改革与发展的客观需要，是现代科技发展的必然，对实现会计核算手段现代化和提高会计参与经营管理的能力具有十分重要的意义。用电子计算机进行会计核算的单位，使用的会计软件必须符合国家统一的会计制度的规定。会计软件是会计电算化的重要手段和工具，会计软件是否符合国家统一的会计制度所规定的核算要求，是保证会计资料质量和会计工作正常进行的重要前提。

【任务实施】

（1）完成实习会计基础与认知（CMAC 一级）配套章节练习。

（2）完成实习会计基础与认知（CMAC 一级）平台任务（参考 CMAC 试题操作指南）。

任务二 学习会计基础工作规范

【任务描述】
（1）了解会计基础工作的会计机构、人员管理规范；
（2）了解会计基础工作的各种规范。

【知识储备】

一、会计机构与会计人员管理规范

（一）会计机构设置

（1）各单位应当根据会计业务的需要设置会计机构；不具备单独设置会计机构条件的，应当在有关机构中配备专职会计人员。

（2）事业行政单位会计机构的设置和会计人员的配备，应当符合国家统一的事业行政单位会计制度规定。

（3）设置会计机构的，应当配备会计机构负责人；在有关机构中配备专职会计人员，应当在专职会计人员中指定会计主管人员。

（4）会计机构负责人、会计主管人员的任免，应当符合《中华人民共和国会计法》（以下简称《会计法》）和有关法律法规的规定。

（二）会计岗位的设置

（1）会计工作岗位是指一个单位会计机构内部根据业务分工而设置的职能岗位。根据《会计基础工作规范》的要求，各单位应当根据会计业务需要设置会计工作岗位。会计工作岗位一般可分为会计机构负责人或者会计主管人员、出纳、财产物资核算、工资核算、成本费用核算、资金核算、往来结算、总账报表、稽核、档案管理等。开展会计电算化和管理会计的单位，可以根据需要设置相应的工作岗位，也可以与其他工作岗位相结合。

（2）会计工作岗位，可以一人一岗，一人多岗或者一岗多人，但出纳人员不得兼管稽核、会计档案保管和收入、支出、费用、债权债务账目的登记工作。会计人员的工作岗位应当有计划地进行轮换。档案管理部门中管理会计档案的人员，不属于会计岗位人员。会计人员应当具备从事会计工作所需要的专业能力，遵守职业道德。

（3）会计机构负责人或会计主管人员，是在一个单位内具体负责会计工作的中层领导人员。担任单位会计机构负责人（会计主管人员）的，应当具备会计师以上专业技术职务资格或者3年以上从事会计工作的经历。

（4）因有提供虚假财务会计报告，做假账，隐匿或者故意销毁会计凭证、会计账簿、财务会计报告，贪污，挪用公款，职务侵占等与会计职务有关的违法行为被依法追究刑事责任的人员，不得再从事会计工作。

（5）国家机关、国有企业、事业单位任用会计人员应当实行回避制度。单位领导人的直系亲属不得担任本单位的会计机构负责人、会计主管人员。会计机构负责人、会计主管人员的直系亲属不得在本单位会计机构中担任出纳工作。需要回避的直系亲属关系为夫妻关系、直系血亲关系、三代以内旁系血亲及其配偶关系。

二、会计基础工作一般规范

（一）下列事项，应当办理会计手续，进行会计核算

1. 款项和有价证券的收付

款项的收付，主要包括货币资金的收入、转存、付出、结存等。有价证券的收付，主要包括有价证券的购入、无偿取得、债务重组取得，有价证券的有偿转让、抵债、对外投资、捐赠，有价证券的利息和股利、溢价与折价的摊销，有价证券的期末结存、减值等。

2. 财物的收发、增减和使用

财物的收发、增减和使用，包括存货、固定资产、投资、无形资产等的购入、自行建造、无偿取得、债务重组取得、融资租入、接受捐赠、出售、转让、抵债、无偿调出、捐赠、减值等。

3. 债权债务的发生和结算

从会计意义看，债权是指单位未来收取款项的权利，包括应收账款、应收票据、预付账款、其他应收款、应收股利、应收利息、应收补贴款等。债务是指由过去交易、事项形成的，由单位承担并预期会导致经济利益流出单位的现时义务，包括各种借款、应付及预收款项等。债权和债务是各单位在其日常经济业务中产生的，其发生的种类、时间和规模，会直接对单位的财务状况、经营成果和其他单位或个人的经济利益等产生重大的影响。因此，各单位应及时、真实、完整地核算和监督其债权债务的发生、收回或偿还、结存情况。

债权的发生和结算，主要包括债权及孳息的收回、债务重组、债权减值等。

债务的发生和结算，主要包括债权人变更、债务及孳息的偿还、债务重组及免偿等。

4. 资本、基金的增减

资本、基金的增减，主要包括实收资本（股本）、资本公积、盈余公积、基金等的增减变动。如实收资本（股本）的取得和企业增资、减资；资本公积的形成、转增资本；基金的提取、转入、使用和给付等。

5. 收入、支出、费用的计算

收入的计算，如商品销售收入、提供劳务收入、让渡资产使用权收入等主营业务收入；材料销售收入，代购、代销、代加工、代管、代修收入和出租收入等其他业务收入；投资收益，补贴收入，固定资产盘盈、处置固定资产净收益、出售无形资产收益、罚款收益等营业外收入；以前年度损益调整等的确认与结转。

支出、费用、成本的计算，如生产成本的汇集、分配与结转；销售费用、管理费用和财务费用等的汇集与结转；主营业务税金及附加、出售无形资产损失、债务重组损失、计提的固定资产减值准备、捐赠支出等的确认与结转。

6. 财务成果的计算和处理

财务成果的计算和处理，如将收入和相配比的成本、费用、支出转入本年利润，计算利润总额；将所得税转入本年利润，计算净利润；年终结转本年利润；所得税的计提、缴纳、返还和余额结转，递延税款的余额调整等。

7. 其他需要办理会计手续、进行会计核算的其他事项

（二）办理会计事项要求书写正规的文字与数字

正规书写文字和数字，是会计人员的基本功，也是会计基础工作好坏的重要标志之一。凡未实现会计电算化的单位，会计数字与文字书写应按照以下规定执行。

（1）填制会计凭证、登记账簿和编制会计报表等，应使用钢笔或碳素笔，用蓝色或黑色墨水，禁止使用圆珠笔或铅笔；按规定需要书写红字的，用红墨水，需要复写的会计凭证、会计报表，可使用圆珠笔。

（2）在凭证、账簿、报表上填写摘要或数字时，要在格子的上方留有二分之一的空距，用于更正错误。

（3）书写阿拉伯数字时，应紧靠底线书写，字体要自右上方斜向左下方，倾斜度为55°~60°。字与字之间的距离要相同，大约空出半个数字的位置，数字之间不许连写。写6上出头，写7和9下出头，并超过底线，出头的长度约为一般字体高度的四分之一；写0时，字高、字宽要与其他数字相同；写6、8、9、0时，圆圈必须封口。

（4）大写金额数字，应用汉字正楷或行书体书写。书写的文字以国务院公布的简化字为标准，力求工整、清晰。不要自造简化字，也不要滥用繁笔字，禁止使用连笔字。

大写（正楷或行书）：壹、贰、叁、肆、伍、陆、柒、捌、玖、拾、佰、仟、万、亿、圆（元）、角、分、零、整（正）。不得用一、二、三、四、五、六、七、八、九、十、念、毛、仟、另（0）等字样代替。

大写金额数字到元或角为止的，在"元"或"角"字之后应写"整"或"正"字样，大写金额数字有分的，"分"字后面不写"整"或"正"字。

大写金额数字前未印有人民币字样，应加填"人民币"三字，"人民币"三字与金额数字之间不得留有空白。小写金额数字合计前，要填写人民币符号"￥"，与金额数字之间也不得留有空白。

阿拉伯金额数字之间有0时，汉字大写金额要写"零"字，如101.50，汉字大写金额应写成人民币壹佰零壹元伍角整。阿拉伯金额数字中间连续有几个"0"时，汉字大写金额中可以只写一个"零"字，如1 004.56，汉字大写金额应写成人民币壹仟零肆圆伍角陆分，阿拉伯金额数字元位是"0"，或数字之间连续有几个"0"且元位也是"0"，但角位不是"0"时，汉字大写金额可只写一个"零"字，也可不写"零"字，如1 320.56，汉字大写金额应写成人民币壹仟叁佰贰拾圆零伍角陆分，或人民币壹仟叁佰贰拾圆伍角陆分。又如1 000.56，汉字大写金额应写成人民币壹仟圆零伍角陆分，或人民币壹仟圆伍角陆分。

（5）书写数字发生错误时，要采用正确的更正方法，即将错误数字全数用单红线注销，并在错误数字上盖章，另在上方填写正确的数字，严禁用刮擦涂抹或用药水消除字迹的方法改错。

（三）正确使用各种印章

（1）财务专用章必须由专人保管，使用时须征得财务负责人同意；"现金收讫""现金付讫""银行收讫""银行付讫"章由出纳人员专用；"转账收讫""转账付讫"章也要指定专人保管使用。

（2）填制记账凭证时，会计科目、明细科目可以刻制会计科目章，科目章的规格最大不超过四号字，最小不小于五号字，字样以仿宋体或楷体为宜。

（3）会计人员每人应刻制一枚长方形名章，用于原始凭证、记账凭证、会计报表等指定位置和更正数字，其规格不超过账表横格的三分之二。

（4）盖会计科目章时，用蓝色印油；盖姓名章时，用红色印油，字迹要清晰。

（5）支票与印鉴应分别保管，不得由出纳一人管理。

三、会计凭证规范

（一）原始凭证规范

（1）根据《会计法》第十四条规定，单位对发生的每一项经济业务必须取得或填制合法的原始凭证。

（2）原始凭证应必备以下内容：凭证名称、填制凭证日期、填制凭证单位名称、填制人姓名、经办人员签名或盖章、接收凭证的单位全称、经济业务内容、数量、单价、金额。

（3）从外单位取得的凭证和对外开具的凭证必须盖有发票专用章或财务印章，自制原始凭证必须有收款人、经办人员和单位负责人的签名或印章。

（4）购买实物的原始凭证，必须有验收证明。

各种收付款项的原始凭证应由出纳人员签名或盖章，并分别加盖现金银行收付讫或转讫章。

发票必须有税务部门监制的印章，收据必须有财政部门监制的印章。

职工因公借款的借据必须附在记账凭证上，还款时，应另开收据，不得退还原借款借据。

一式几联的原始凭证，应当注明各联的用途，只能以一联作为报销凭证。

一式几联的发票收据，必须用双面复写纸套写，并连续编号。作废时应加盖"作废"戳记，连同存根一起保存，不得销毁。

（5）有附件的必须注明附件自然张数，有效金额必须相等。

经过上级批准的经济业务，应将批准文件的原件或复印件作为原始凭证附件，也可在凭证上注明批准机关名称、日期和文件字号，原件另行保管。

各种附件应附在原始凭证背面。如附件张数较多，应从原始凭证背面的右上角起按自右至左的顺序重叠粘贴，不得遮盖报销金额，如单据过多，原始凭证背面不够粘贴时，可另用白纸粘贴，附在原始凭证背面。

公共电汽车及地铁车票，只粘贴报销金额部分，各种卡片或车船票应将票面撕下粘贴，机票行程单不粘贴，与原始凭证放在一起。

各种附件大于原始凭证的，应按原始凭证大小折叠，附在原始凭证后面。如有破损，应粘贴补齐。破损严重无法辨认时，应重新取得，确有困难的，其经济业务内容与金额由经办人员另附说明，经单位领导批准。

（6）可将同一经济业务内容的原始凭证，按单位或按人名分别汇总填制原始凭证汇总表。

（7）原始凭证不得外借，其他单位如因特殊原因需要使用原始凭证时，经本单位领导批准，可以复制。向外单位提供的原始凭证复制件，应当在专设的登记簿上登记，并由提供人员和收取人员共同签名或者盖章。

（8）从外单位取得的原始凭证如有遗失，应当取得原开出单位盖有公章的证明，并注明原来凭证的号码、金额和内容等，由经办单位领导批准后，才能代作原始凭证。如果确实无法取得证明，如火车票、船票、机票行程单等凭证，由当事人写出详细情况，由经办单位领导批准后，代作原始凭证。

（二）记账凭证规范

（1）会计人员要根据审核无误的原始凭证和原始凭证汇总表填制记账凭证。

（2）记账凭证必备内容包括：填制日期，凭证编号，应用会计科目、子目、细目，经济业务事项摘要，应借应贷金额，所附原始凭证张数，制单、审核、出纳、记账、会计主管的印章。

实现会计电算化的单位，记账凭证须增加科目编码栏。

（3）记账凭证日期应以财会单位受理会计事项日期为准，年、月、日应写全。凭证编号可按月顺序自然编号。

（4）各单位可采用收、付、转账凭证分类编号的形式或按更细层次划分的会计凭证分类编号方式，也可采用单一记账凭证统一编号的形式，但采用的形式一经确定，在一个会计年度内不允许任意更改。

如一项经济业务涉及一借多贷或一贷多借,一张凭证不够时,可用分数编写。

如 1-、1-、1- 分别写在三张编号的位置上,但合计数只写在 1- 张上,另两张合计数处用 "/" 划掉。此种编号只限于转账凭证。

(5)若采用科目汇总表的组织程序,应根据单位业务量多少,定期或不定期地汇总编制,并按月或年顺序编号。一张汇总表上,不能出现两个相同的会计科目。定期汇总以汇总日期为准,不定期汇总以最后一笔经济业务发生时编制的记账凭证时间为准。

(6)填制记账凭证摘要应简明扼要,说明问题。一般应有以下要求:

1)现金、银行存款的收、付款项应写明收付对象、结算种类、支票号码和款项等主要内容。

2)财产、物资收付事项应写明物资名称、单位、规格、数量、收付单位。

3)往来款项要写明对方单位和款项内容。

4)财物损溢事项应写明发生的时间、内容。

5)待决待处理事项应写明对象内容、发生时间。

6)内部转账事项应写明事项内容。

7)调整账目事项应写明被调整账目的记账凭证日期、编号及调整原因。

(7)填写会计科目应符合下列要求:

1)填写记账凭证应按现行会计制度规定填写会计科目、明细科目全称,对其名称、编号、核算内容及对应关系不得任意改变,不得用科目编号或外文字母代替或简化。

实现会计电算化的单位,也要用汉字填制会计科目名称,一级会计科目编码应符合会计制度要求。

2)对于会计制度规定设置的会计科目,如果各单位没有相应的会计事项,可以不设。如果因核算需要,需合并或增设科目应报上级主管单位批准后执行。

3)填制会计科目分录的顺序为:先填写借方科目,后填写贷方科目。

4)填制记账凭证时,会计科目应按规定填写,科目之间不得留空格,遇到相同会计科目的,要逐个填写科目全称,不得用点或省略号代替;使用会计科目章的,要与横格底线平行盖正。如有空行,应从金额栏最后一行数字的右上角至最底一行的左下角划斜线注销。

5)每张记账凭证只能反映一项经济业务,除少数特殊业务必须将几个会计科目填在一张记账凭证上之外,不得将不同经济业务的原始凭证汇总填制多借多贷、对应关系不清的记账凭证。

(8)记账凭证所填金额要和原始凭证或原始凭证汇总表一致。

(9)除结账与更正差错的记账凭证可以不附原始凭证外,其他记账凭证必须附有原始凭证。

（10）对于一张原始凭证涉及几张记账凭证的，可将原始凭证附在一张主要的记账凭证后面，在其他记账凭证上注明附有原始凭证的记账凭证的编号。对于一张原始凭证所列支出需要几个单位共同负担的，应将其他单位负担的部分，给对方开原始凭证分割单，进行结算。

（11）附件张数按原始凭证汇总表的张数计算，不涉及汇总的，按原始凭证自然张数计算。

（12）在填制记账凭证时，如果发生错误，应重新填制，不得在原始凭证上做任何更改。

（13）已经登记入账的记账凭证，发生填写错误时，有以下几种更正方法：

1）红字更正法：在当年内发现填写错误时，填写一张与原分录相同的金额为红字的记账凭证，在摘要栏用蓝字注明"冲销某月某日某号凭证"，同时再用蓝字重新填制一张正确的记账凭证，注明"更正某月某日某号凭证"。

2）补充登记法：如果当年内会计科目没有填制错误，只是金额填制错误，可将正确数字与错误数字之间的差额另编一张调整的记账凭证，调增金额用蓝字，调减金额用红字。

（14）如发现跨年度的错误，应用蓝字填制一张更正的记账凭证。

（15）如登记总账后，发现记账凭证汇总表有差错，但记账凭证和明细账没错，只是各科目之间"串户"，可用红字更正法或重编一张更正的汇总表，错误的科目金额用红字，调整的科目金额用蓝字。

（16）记账凭证的装订：

1）装订记账凭证时，原则上以一张记账凭证汇总表为一册；也可分订两册以上，并用分数号编号；如记账凭证较少；也可将两张或三张记账凭证汇总表的记账凭证合并装订一册，但不得跨月装订。

2）如果原始凭证过大，要折叠至比记账凭证略小，注意装订线处的折留方法，确保装订后仍能展开查阅。如果原始凭证过小，可在记账凭证上均匀粘平。

3）要摘掉凭证中的大头针等所有铁器。

4）装订会计凭证时，要加封面、封底，封面有关内容都应填写，签章要齐全。

5）会计凭证的装订处是凭证的左上角，一般左右宽不超过2厘米，上下长不超过2.5厘米。

6）装订后要将装订线用纸打一个三角封包，并将装订者印章盖于骑缝处，在脊背处注明年、月、日和册数编号。

四、会计账簿规范

（一）账簿设置

根据会计制度的规定，各单位应设置总账、明细账、日记账。其中，总账、现金日记账和银行日记账应采用订本式，其他账簿可采用活页式。

实现会计电算化的单位，每天必须输入、打出现金、银行存款日记账。在所有记账凭证数据已存储于计算机内的情况下，可用总分类账户本期发生额对照表替代总分类账。至少每月打印一次总账、明细账及银行余额调节表。

（二）会计账簿的启用

启用会计账簿，应按以下规定执行：

（1）在账簿封面上写明单位名称和账簿名称。

（2）在账簿扉页上应附"经管人员一览表"，内容包括单位名称、账簿名称、账簿页数、启用日期、会计主管人员和记账人姓名，并加盖名章和单位公章，注明经管或接管日期、移交日期。

（3）在账簿第一页设置账户目录，内容包括账户名称，并注明各账户页次。

（4）启用订本式账簿时，应按顺序编定页数再使用，使用时不得跳页、缺号。使用活页式账页时，应按账户顺序编号，并装订成册，年度终了时再按实际使用的账页顺序编定页数、建立账户目录。

（5）总账按会计科目设立账户，明细账原则上按会计制度规定的明细科目分别设立账户。

（6）明细账开始使用时应填写以下内容：

1）银行存款日记账中开户银行或户名项应填写其开户行的全称。银行账号项应填写银行账号的全部数字。

2）金额三栏式账应填写编号、明细科目和户名项。

3）实物类账应填写编号、品名、规格、单位、数量、单价等项。

4）固定资产账除按实物类账填写外，还应填写使用年限、存放地点等项。

5）序时明细账的预留银行印鉴项，所加盖的印章应与预留在银行的印鉴卡片的印章一致。如需更换印鉴时，须在备注栏加盖新的印鉴，并注明启用日期。

（三）会计账簿的登记

会计人员要根据审核无误的会计凭证登记会计账簿。

（1）登记账簿时，应按记账凭证日期、编号、经济业务内容摘要、金额等逐项记入账内。做到登记准确、及时、书写清楚。

（2）登记完毕后，要在记账凭证上签名或盖章，并注明已登记的符号"√"，表示已经记账。

（3）总账应根据记账凭证汇总表登记。日期、凭证号都根据记账凭证汇总表填写，摘要栏除上年结转及承前页外，应填写凭证汇总的起止号。

明细账应根据记账凭证登记。日期填写月日，如同一月份有多笔业务，除第一、二笔外，以下各笔可用点点代替，但换页的第一、二笔必须填写。凭证号栏与摘要栏按记账凭证号及摘要填写。

现金日记账应根据记账凭证逐笔登记。银行存款日记账应根据支票存根或其他银行结算票据逐笔登记，"种类"项按银行结算种类填写；"号数"只填写支票的后四位数。

（4）各种账簿按页次顺序连续登记，不得隔页跳行，如果出现隔页跳行的情况，应将空行空页的金额栏由右上角向左下角划红线注销，同时在摘要栏注明"此行空白"或"此页空白"字样，并由记账人员压线盖章。

（5）登记账簿时要用蓝黑色墨水笔书写，不得使用圆珠笔或铅笔，但下列情况可用红色墨水笔：

1）在按红字冲账的记账凭证中冲销错误记录。

2）在多栏式账页中登记减少数。

3）划更正线、结账线和注销线。

4）会计制度中规定用红字登记的其他记录。

（6）结出账户余额后，应在"借"或"贷"栏内写明"借"或"贷"字样，没有余额的账户，应在"借"或"贷"栏内写"平"字，并在金额栏内元位上用"θ"表示。

（7）账簿中账页下端最后一条横线以下，一律空置不填。

（8）每一账页登记完毕结转下页时，应当结出本页合计数及余额，写在本页最后一行和下页第一行有关栏内，并在摘要栏内注明"过次页"和"承前页"字样。也可以将本页合计数及金额只写在下页第一行有关栏内，并在摘要栏内注明"承前页"字样。

对需要结计本月发生额的账户，结计"过次页"的本页合计数应当为自本月初起至本页末止的发生额合计数。对需要结计本年累计发生额的账户，结计"过次页"的本页合计数应当为自年初起至本页末止的累计数。对既不需要结计本月发生额也不需要结计本年累计发生额的账户，可以只将每页末的余额结转次页。

（四）结账

会计人员应按照规定，对现金、银行日记账按日结账，对其他账户按月、季、年结账。

（1）结账前，必须将本期内发生的各项经济业务全部登记入账，属于本期调整的账项也要按规定全部结转有关账簿。

（2）结账时，应首先结出每个账户的期末余额，余额写在最后一笔经济业务的余额栏内。

（3）对所有账户，不论总账还是明细账，做日结、月结、季结、年结时，要加计本日、本月、本季、本年的借、贷方发生额。

（4）在记齐当期发生的会计事项，结出余额的下一行摘要栏注明"本日合计""本月合计"字样，借贷金额栏结出当日、当月发生额合计数。在数字下端划单红线。

需要结出累计发生额的，应在摘要栏内注明"累计"字样，并在数字下端划单红线。

12月末，应在摘要栏内注明"本年累计"字样，结出全年累计发生额，并在数字下端划双红线。

上述单红线或双红线都应从借方金额栏左端划至余额栏右端。

（5）编制会计报表前，必须把总账和明细账登记齐全，试算平衡，不准先出报表，后补记账簿和办理结账。

（6）年度终了，有余额的账户需要填制记账凭证或科目结转表，可在年结双红线下一行的摘要栏内注明"结转下年"字样（金额不再抄写），以下空格从右上角至左下角划斜线注销。如果次年度会计科目名称有变化，还应在摘要栏中注明"结转下年×××新账户"。

（7）结转新账时，如有余额，可直接将余额转到新账账户第一行的余额栏内，日期填写1月1日，同时在摘要栏注明"上年结转"字样。

凡涉及债权债务及待处理事项的账户，填写"上年结转"时，还应在摘要栏填写组成余额的发生日期及主要经济业务内容，一行摘要栏写不完的，可以在次行摘要栏继续填写。最后一行的余额栏填写上年度余额。

（五）对账

各单位必须坚持对账制度，做到账证、账账、账实相符。

1. 账证相符

月终，发现账账不符，就要对账簿记录和会计凭证进行核对。

（1）看总账与记账凭证汇总表是否相符。

（2）看记账凭证汇总表与记账凭证是否相符。

（3）看明细账与记账凭证及所涉及的支票号码及其他结算票据种类等是否相符。

2. 账账相符

（1）看总账资产类科目各账户与负债、所有者权益类科目各账户的余额合计数是否相符。

（2）看总账各账户与所辖明细账户的各项目之和是否相符。

（3）看会计单位的总账、明细账与有关职能单位的账、卡之间是否相符。

3. 账实核对

（1）每日核对现金日记账的账面余额与现金实际库存数额，并填写库存现金核对情况报告单，作为记录。发生长短款，应立即列作"待处理财产"，待查明原因，经批准后再进行处理。

（2）核对银行存款日记账的账面余额与开户银行对账单。每收到一张银行对账单，经管人应在三日内核对完毕，每月编制一次银行存款余额调节表，单位负责人每月至少检查一次，并写出书面检查意见。

（3）有价证券账户应与单位实存有价证券（或收款单据）核对相符，每半年至少核对一次。

（4）应定期将固定资产、库存材料等明细账的账面余额与实存数额相核对，对其他财产物资账户也要定期核对，年终要进行一次全面的清查。

（5）各种债权类、债务类明细账的账面余额与债权人、债务人核对清理，清理结果要及时以书面形式向单位负责人汇报，并报单位领导采取措施，积极催办。

（6）出租、租入、出借、借入财产等账簿，除合同期满应进行清结外，至少每半年核对一次，以保证账实相符。

4. 对账符号

对账完毕，相符者应在数字后划"√"号，不相符者，要及时更正、调整。

五、财务报告规范

（一）财务报告的一般要求

（1）财务报告是反映单位财务状况的书面文件，包括资产负债表、利润表、所有者权益变动表、现金流量表及附注。

（2）各单位必须按国家统一会计制度及上级单位的要求编制月份、季度、年度财务报告。

（3）财务报告应当根据登记完整、核对无误的会计账簿记录和其他有关资料编制，做到数字真实、计算准确、内容完整、说明清楚。

（4）如果不同会计年度财务报告中各项目的内容和核算方法有变更的，应当在年度财务报告中加以说明。

（5）任何人不得篡改或者授意、指使、强令他人篡改财务报告数字。

（二）会计报表

1. 会计报表的基本内容

（1）编制单位名称：编制会计报表的单位，在填写时应写单位的全称。

（2）报表名称、编号：单位所编制会计报表的名称和编号。

（3）报表日期：会计报表所反映的财务状况的日期分为月末、季末、年末。

（4）计量单位：金额单位与实物单位。

（5）报表附注：报表中有关重要项目的明细资料，以及其他有助于理解和分析报表的事项。

（6）报表或报表封面用户签章事项：单位公章，单位负责人、总会计师、财会负责人、复核人及制表人的签章。

2. 会计报表的编制方法

（1）单位编制会计报表之前，应按照国家现行的法律法规核对、调整有关事项：

1）应由本会计期间确认的各项收入，应按规定及时结算、入账。

2）对本年各期盘点中发现的财产短缺、溢余和残损变质应及时进行账务处理。

3）办理债权债务的清理工作。

4）所属报账单位应报清本期账务，并及时结转。

5）其他应查对和应调整的事项。

办理调整完有关事项后，对总账科目进行试算平衡，总账和明细账期末数字必须相符。

（2）编制会计报表时应做到：

1）各种会计报表之间，各项目之间，凡有衔接关系的数字，应相互一致，本期报表与上期报表之间有关数字应相互衔接。

2）出现负数的项目，有关项目除按规定改列外，其余项目以"–"号表示，"–"号填写在数字之前，占两个数字格。

3）数字要填写清楚，填写出现差错时，应按规定的办法加以更正，并加盖制表人名章。

4）各报表必须按规定的金额单位填制。

5）年度会计决算报表一经批准，需要调整的事项要在下年度按规定进行调整。

（三）财务情况说明书

（1）月份说明各有侧重。

（2）年度说明应对年度内上述各方面情况与上期变化、对下一报告期影响等进行全面说明。

（四）审核财务报告

（1）为了保证会计报表正确无误，各单位在财务报告编制完后，必须对以下内容进行认真审核：

1）会计报表的种类是否已按要求填制齐全，要求填列的项目是否全部填制。

2）会计报表各项目的数字是否与有关账簿的数字相符。

3）报表之间有衔接关系的数字是否衔接。

4）报表附注资料是否反映齐全。

5）财务情况说明书文字是否清楚，反映内容是否准确、全面。

（2）财务报告经审核无误后，再由制表人、复核人、财会负责人在报表封面上盖章，送单位领导审核签章，加盖单位公章，然后及时报送有关单位。单位领导对财务报告的合法性、真实性负法律责任。

（3）如果发现对外报送的财务报告有错误，应当及时办理订正手续。除更正单位留存的财务报告外，还应同时通知接收财务报告的单位更正。错误较多的，应当重新编报。

六、内部会计管理制度规范

（1）各单位应当根据《中华人民共和国会计法》（以下简称《会计法》）和国家统一的会计制度及有关综合管理单位的规定，结合单位内部管理和会计业务的需要，建立健全内部会计管理制度。

（2）各单位应当建立内部会计管理体系。主要内容包括单位领导对会计工作的领导职责，会计部门及其负责人、会计主管人员的职责、权限，会计部门与其他职能部门的关系，会计核算的组织形式。

（3）各单位应当建立会计人员岗位责任制度。主要内容包括会计人员的工作岗位设置、各会计工作岗位的职责和标准、各会计工作岗位的人员和具体分工、会计工作岗位轮换办法、对各会计工作岗位的奖惩办法。

（4）各单位应当制定账务处理程序制度。主要内容包括会计科目及其明细科目的设置和使用；会计凭证的格式、审核要求和传递程序，会计记账方法；会计账簿的设置；会计报表的种类和编制要求；单位会计指标体系。

（5）各单位应当建立内部牵制制度。主要内容包括内部牵制制度的原则、组织分工、出纳岗位的职责和限制条件、有关岗位的职责和权限。

（6）各单位应当建立稽核制度。主要内容包括稽核工作的组织形式和具体分工，稽核工作的职责、权限，审核会计凭证和复核会计账簿、会计报表的方法。

（7）各单位应当建立原始记录管理制度。主要内容包括原始记录的内容和填制方法，原始记录的格式，原始记录的审核，原始记录填制人的责任，原始记录签署、传递、汇集要求。

（8）各单位应当建立定额管理制度。主要内容包括定额管理的范围，制定和修订定额的依据、程序和方法，定额的执行，定额考核和奖惩办法等。

（9）各单位应当建立计量验收制度。主要内容包括计量检测手段和方法、计量验收管理的要求、计量验收人员的责任和奖惩办法。

（10）各单位应当建立财产清查制度。主要内容包括财产清查的范围、财产清查的组织、财产清查的期限和方法、对财产清查中发现问题的处理办法、对财产管理人员的奖惩办法。

（11）各单位应当建立财务收支审批制度。主要内容包括财务收支审批人员和审批权限、财务收支审批程序、财务收支审批人的责任。

（12）各单位应当建立财务会计分析制度。主要内容包括财务会计分析的主要内容、财务会计分析的基本要求和组织程序、财务会计分析的具体方法、财务会计分析报告的编写要求等。

七、会计工作交接规范

单位或隶属单位会计人员发生变动时，必须按照规定办理会计工作交接手续。

（1）会计人员工作调动或因故离职时，必须将本人所经管的会计工作在规定期限内全部移交给接替人员，没有办清交接手续的，不得调动或离职。

（2）接替人员应认真接管移交的工作，并继续办理移交前的未了事项。

（3）会计人员办理移交手续前，必须做好以下各项工作：

1）对于已经受理的会计事项，尚未填制记账凭证的，应及时填制完毕；尚未记账的，应全部入账。

2）不论是在月末还是在月中移交，移交的账簿均需结出余额，并在余额后加盖移交人印章。

3）填写账簿启用表的有关移交项目，并加盖有关人员的印章。

4）整理应该移交的各项资料，对未了事项要写出书面材料加以说明。

5）编制移交清册，列明应该移交的凭证、账簿、报表、公章、现金、支票簿、文件资料和其他物品。

（4）会计人员办理交接手续时，必须有监交人负责监交。一般会计人员交接应由单位会计部门负责人、会计主管人员负责监交，会计部门负责人、会计主管人员交接时，应由单位领导负责监交，必要时由上级主管单位派人会同监交。

（5）移交人员要按照移交清册逐项移交，接管人员要逐项核收：

1）现金、有价证券要根据会计账簿余额进行点交，库存现金、有价证券必须与会计账簿余额一致。如果不一致，移交人员必须限期查清。

2）会计凭证、会计账簿、会计报表和其他会计资料必须完整无缺。如有短缺，必须查清原因，并在移交清册中注明，由移交人员负责。

3）银行存款账户余额要与银行对账单相符，各种财产物资和债权债务的明细账户余额要与总账有关账户余额相符；必要时，要抽查个别账户的余额，确保其与实物相符，或者同往来单位、个人核对清楚。

4）移交人除经管账簿外还兼管其他会计工作的，应一并交接清楚。包括经管的公章、有价证券、空白支票、文件资料、收据、发票及其他物品。

（6）会计部门负责人、会计主管人员移交工作时，要将全部财务会计工作、重大和特殊的财务问题及会计人员的工作情况，向接管人员详细介绍，对需要移交的遗留问题，应写出书面材料说明清楚。

（7）交接完毕后，交接双方和监交人要在移交清册上签章，移交清册应具备单位名称、交接日期、交接双方和监交人的姓名和职务、清册页数及需要说明的问题和意见等。

移交清册一般应填制一式三份，交接双方各持一份，存档一份。

（8）为保证会计记录的连续性和完整性，接管人员应继续使用移交前的账簿，不得自行另立新账。

（9）会计人员临时离岗或者因病不能工作且需要接替或者代理的，会计机构负责人、会计主管人员或者单位领导必须指定有关人员接替或者代理，并办理交接手续。临时离职或者因病不能工作的会计人员恢复工作的，应当与接替或者代理人员办理交接手续。

八、会计档案管理规范

会计档案是指会计凭证、会计账簿和会计报表等会计核算资料,它是记载和反映经济业务的重要史料和证据。

(一)会计档案的范围

1. 会计凭证

会计凭证包括外来的和自制的各种原始凭证、原始凭证汇总表、记账凭证、记账凭证汇总表、涉及对外对私改造资料、银行存款(借款)对账单及余额调节表等。原始凭证是进行会计核算的基础,无论平时在任何单位保管,年度终了都必须按照规定归档。

业务单位留存的、凭以登记业务调拨账和进销卡片的联单及仓库凭以收付货物的出入库单虽不在会计档案保管之列,但也应由业务部门保存相当年限,以便查核。

2. 会计账簿

会计账簿包括总账、明细账、日记账和各种辅助登记簿等。

凡设在业务部门、基建物资部门和总务部门等有关部门的固定资产明细账、低值易耗品明细账、原材料及物料用品明细账和各种债权债务明细账,都是会计账簿的组成部分,必须按照会计档案管理的要求保持完整。

3. 财务报告

财务报告是指企业对外提供的反映企业某一特定日期的财务状况和某一会计期间的经营成果、现金流量等会计信息的文件。财务报告包括财务报表和其他应当在财务报告中披露的相关信息和资料。

4. 其他会计核算资料

其他会计核算资料是指凡与会计核算紧密相关的、由会计部门负责办理的有参考价值的数据资料,如经济合同、财务数据统计资料、财务清查汇总资料、核定资金定额的数据资料、中心工作整理上报的资料、会计档案保管期限明确的会计移交清册、会计档案保管清册、会计档案销毁清册等。实行会计电算化的单位的软件数据资料、程序资料等及存贮于磁性介质上的会计数据、程序文件及其他会计资料均应视同会计档案一并管理。

报账制单位以及实行两级核算单位的会计档案也是单位会计档案的组成部分,应按规定统一管理。

（二）会计档案的整理、立卷

各种会计档案应按会计档案材料的关联性，分门别类地组成几个类型的案卷，并将各卷按顺序编号。

（1）会计凭证应按全年顺序统一编号，卷号应与装订的会计凭证封面册数的编号一致。

（2）会计账簿：办理完年度结账后，对各种会计账簿，除跨年使用的账簿外，其他需整理、立卷。

1）会计账簿在装订前，应按账簿启用表的使用页数，核对各个账户账页是否齐全，是否按顺序排列。

2）会计账簿装订顺序：①会计账簿封面；②账簿启用表；③账户目录；④按本账簿页数项顺序排列账页；⑤会计账簿封底。

3）活页账簿去空白页后，将本账簿的页数项填写齐全，撤账夹，用坚固耐磨的纸张做封面、封底，装订成册。不同规格的活页账不得装订在一起。

4）装订后的会计账簿应牢固、平整、不得有折角、掉页现象。

5）会计账簿的封口处，应加盖装订印章。

6）装订后，会计账簿的脊背应平整，并注明所属年度及账簿名称和编号。

7）会计账簿的编号为一年一编，编号顺序为总账、现金日记账、银行存（借）款日记账、分户明细账。

8）会计账簿按保管期限分别编号：①现金、银行存款（借款）日记账，全年按顺序编制卷号；②总账、各类明细账、辅助账全年按顺序编制卷号。

（3）会计报表：

1）会计报表编制完成并按时报送后，留存报表均应按月装订成册。

2）会计报表应整理平整，防止折角。

3）会计报表在装订前，应按编报目录核对是否齐全。

4）会计报表的装订顺序是：①会计报表封面；②会计报表编制说明；③各种会计报表按会计报表的编号顺序排列；④会计报表封底。

装订的会计报表要在报表上边和左边对齐。

5）会计报表按保管期限分别编制卷号：①月、季度会计报表全年按月、季顺序编制卷号；②半年和年度会计报表按年顺序编制卷号。

（4）涉外会计资料等单独装订立卷。会计移交清册、会计档案保管清册、会计档案销毁清册应单独装订立卷，单独编制卷号。

（三）会计档案的归档保管

（1）当年的会计档案在会计年度终了后，可暂由本单位财会部门保管一年，期满后原则上应由财会部门移交给本部门的档案部门保管。移交时应开列清册，同时要填写交接清单，并在账簿启用表的移交日期栏填写×年12月31日，移交日后的签章项由账簿经管人签章，次行的经管人员姓名项由会计档案保管人员签章。

没有独立的档案部门的企业单位，应单独设房屋存放会计档案，并配备专用档案柜。

（2）会计电算档案中，由计算机打印输出的凭证、账簿、报表，其保存期限与手工方式完全一致。存贮于磁性介质上的会计资料在未打印成书面资料前要妥善保管。同时，会计单位应明确复制备份数据的时间间隔以及清除数据的时间间隔。两者根据会计单位业务量大小和计算机存贮能力而定。会计数据的备份应分别存于两个以上不同的建筑物内。

（3）财会部门应指定专人负责会计档案管理工作。有专职档案部门的单位，财会部门负责移交前会计档案的整理、立卷、保管等工作，期满后，负责向档案部门办理移交手续。没有专职档案部门的单位，会计档案管理工作人员应负责全部会计档案的整理、立卷、保管、调阅、销毁等一系列工作。

（4）年度终了，根据单位的具体情况，有专职档案部门的单位，财会部门应填写"会计档案案卷目录表"，一式二份，由财会负责人签字后，一份随会计档案存放，一份在档案部门接收签证后留在财会部门，以明确责任。

（5）保存会计档案资料应做到防盗、防火、防潮、防虫，磁性介质还要注意防尘、防热、防磁、防冻，要有相应的安全措施。

（6）机构变动或档案管理人员调动时，应办理交接手续，由原管理人员编制会计档案移交清册，将全部案卷逐一点交，接管人员逐一接收。

（四）会计档案的借阅使用

（1）会计档案在财会部门管理的，除填写"会计档案案卷目录表"以外，还应分别建立会计档案清册和借阅登记清册，即应将历年的会计档案的内容、保管期限、存放地点等情况登记清楚。使用会计档案借阅登记清册将借阅人的姓名、单位、日期、数量、内容、归还日期等情况登记清楚。

（2）外单位借阅会计档案时，应持有单位正式介绍信，经会计主管人员或单位领导批准后，方可办理借阅手续。

（3）单位内部人员借阅会计档案时，应经会计主管人员或单位领导批准后办理借阅手续。

（4）借阅会计档案的人员，不得在案卷中标划，不得拆散原卷册，更不得抽换。

（5）借阅会计档案的人员，不得携带会计档案外出，如有特殊情况，须经单位领导批准。需要复制会计档案的，也应经单位领导批准后才能进行复制。

（6）经批准借阅会计档案的，应限定期限，并由会计档案管理人员按期收回。

（五）会计档案的保管期限

会计档案的保管期限应按照《会计档案管理办法》的规定执行。规定的保管期限，应从会计年度终了后的第一天算起。

（六）会计档案的销毁

（1）会计档案保管期满，需要销毁时，由本单位档案部门提出销毁意见，会同财会部门共同鉴定，严格审查，编制会计档案销毁清册。经单位领导审查，以书面形式报经主管单位批准后销毁。对其中未了结的债权债务的原始凭证，应单独抽出，另行立卷，由档案部门保管到结清债权债务时为止。

（2）各单位按规定销毁会计档案时，应由档案部门和同级审计部门共同派员监销。

（3）监销人在销毁会计档案之前，应当按会计档案销毁清册所列项目逐一清查核对；销毁后，要在"销毁清册"上签章，并将监销情况以书面形式向本单位领导报告。

（4）会计档案销毁后，经办人也要在"销毁清册"上签章，归入档案备查。

【任务实施】

（1）完成实习会计基础与认知（CMAC 一级）配套章节练习。

（2）完成实习会计基础与认知（CMAC 一级）平台任务（参考 CMAC 试题操作指南）。

任务三　了解会计法律责任

【任务描述】

（1）了解会计法律责任及其形式；

（2）了解十种违法行为及其责任。

【知识储备】

近年来，由于各种利益的诱导及我国会计监管体系仍有待进一步完善，各种会计违法行为，特别是为了经济利益操纵会计行为的造假行为，已经严重影响到了债权人、投资者、社会公众及国家的利益，严重影响社会资源的优化配置。会计违法行为的存在在折射出我国会计法律责任制度不完善的同时，也使会计法律监管与责任成为会计界与法律界共同关注的话题。

一、会计法律责任概念及其形式

（一）会计法律责任的概念

从法律的角度看，会计法律责任有广义和狭义之分。

广义的会计法律责任是指单位或个人在生成和提供会计信息的过程中因违反会计法律法规所应承担的法律责任。狭义的会计法律责任仅指《会计法》所规定的法律责任形式：在账簿设置、凭证编制、账目登记、会计政策选择、会计资料保管、会计人员任用、内部控制制度运作等会计工作基础环节上存在的不规范行为；伪造、变造会计凭证、会计账簿，编制虚假财务会计报告，以及授意、指示、强令他人从事上述行为；财政部门或有关行政部门的工作人员渎职、泄露国家机密或商业机密的行为。

（二）会计法律责任的形式

就我国法律规范体系对会计法律责任规定而言，其形式包括行政责任、刑事责任与民事责任。

1. 行政责任

行政责任是指违反法律法规的单位和个人所应承受的、由国家行政机关或国家授权单位对其依行政程序所给予的制裁。行政责任包括行政处罚和行政处分。

（1）行政处罚是指行政主体对行政相对人违反行政法律规范，尚未构成犯罪的行为所给予的法律制裁。行政处罚分为人身自由罚（行政拘留）、行为罚（责令停产停业、吊销或者暂扣许可证和执照）、财产罚（罚款、没收财物）和声誉罚（警告）等多种形式。根据《中华人民共和国行政处罚法》的规定，行政处罚的具体种类有：

1）警告是行政主体对违法者实施的一种书面形式的谴责和告诫。

2）罚款是指行政主体强制违法相对方承担金钱给付义务的处罚形式。

3）没收违法所得、没收非法财物是由行政主体实施的将行政违法行为人的违法收入、物品或者其他非法占有的财物收归国家所有的处罚方式。

4）责令停产停业是限制违法相对方从事生产、经营活动的处罚形式。一般常附有限期整顿的要求，如果受罚人在限期内纠正了违法行为，则可恢复生产、营业。

5）暂扣或者吊销许可证、执照是禁止违法相对方从事某种特许权利或资格的处罚，行政主体依法收回或暂扣违法者已获得的从事某种活动的权利或资格的证书。吊销许可证、执照是对违法者从事某种活动或者其享有的某种资格的彻底取消；而暂扣许可证和执照，则是中止行为人从事某项活动的资格，待行为人改正以后或经过一定期限后再发还。

6）行政拘留是对违反治安管理的人，依法在短期内限制其人身自由的处罚。

7）法律、行政法规规定的其他行政处罚。

（2）行政处分是指对违反法律规定的国家机关工作人员或被授权、委托的执法人员所实施的内部制裁措施。

根据《中华人民共和国公务员法》，对因违法违纪应当承担纪律责任的公务员给予的行政处分种类有警告、记过、记大过、降级、撤职、开除六类。

2. 刑事责任

刑事责任是指犯罪人因实施犯罪行为所应承受的由国家审判机关（法院）依照刑事法律给予的制裁后果，是法律责任中最严厉的责任形式。刑事责任主要通过刑罚来实现，刑罚分为主刑和附加刑两类。

（1）主刑是对犯罪分子适用的主要刑罚方法，主刑包括：

1）管制是对犯罪分子不实行关押，但是限制其一定的自由，交由公安机关管束和监督的刑罚方法。期限为3个月以上2年以下。

2）拘役是剥夺犯罪分子短期的人身自由的刑罚方法，由公安机关就近执行。期限为1个月以上6个月以下。

3）有期徒刑是剥夺犯罪分子一定期限的人身自由，实行劳动改造的刑罚方法。除特殊情况外，有期徒刑的期限为6个月以上15年以下。

4）无期徒刑是剥夺犯罪分子终身自由，实行劳动改造的刑罚方法。

5）死刑是剥夺犯罪分子生命的刑罚方法。死刑只适用于罪行极其严重的犯罪分子。对于应当判处死刑的犯罪分子，如果不是必须立即执行的，可以判处死刑同时宣告缓期2年执行。

（2）附加刑是补充、辅助主刑适用的刑罚方法。附加刑可以附加于主刑之后作为主刑的补充，同主刑一起适用；也可以独立适用。附加刑包括：

1）罚金是强制犯罪分子或者犯罪的单位向国家缴纳一定数额金钱的刑罚方法。

2）剥夺政治权利是剥夺犯罪分子参加国家管理和政治活动权利的刑罚方法。剥夺的具体政治权利包括：选举权和被选举权；言论、出版、集会、结社、游行、示威自由的权利；担任国家机关职务的权利；担任国有公司、企业、事业单位和人民团体领导职务的权利。

3）没收财产是指将犯罪分子个人所有财产的一部分或者全部，强制无偿地收归国有的刑罚方法。

4）驱逐出境是强迫犯罪的外国人离开中国国（边）境的刑罚方法。

一人犯数罪的，除判处死刑和无期徒刑的以外，应当在总和刑期以下、数刑中最高刑期以上，酌情决定执行的处罚。但是管制最高不能超过3年；拘役最高不能超过1年；有期徒刑总和刑期不满35年的，最高不能超过20年；总和刑期在35年以上的，最高不能超过25年。数罪中有判处附加刑的，附加刑仍须执行，其中附加刑种类相同的，合并执行；种类不同的，分别执行。

3. 民事责任

民事责任是指由于民事违法违约行为或根据法律规定所应承担的不利民事法律后果。根据《中华人民共和国民法总则》的规定，承担民事责任的方式主要有以下十一种：

1）停止侵害适用于侵权行为正在进行或仍在延续中，受害人可依法要求侵害人立即停止其侵害行为。

2）排除妨碍，是指不法行为人实施的侵害行为使受害人无法行使或不能正常行使自己的财产权利、人身权利的，受害人有权请求排除妨碍。

3）消除危险，是指行为人的行为对他人人身和财产安全造成威胁，或存在着侵害他人人身或者财产的可能，他人有权要求行为人采取有效措施消除危险。

4）返还财产，是指不法行为人非法占有财产，权利人有权要求其返还。

5）恢复原状，是指恢复权利被侵害前的原有状态。

6）修理、重作、更换，是指将被损害的财产通过修理、重新制作或者更换损坏的部分，使财产恢复到原有正常状态。

7）继续履行，是指行为人不履行或不当履行合同义务，另一方合同当事人有权要求违反合同义务的行为人承担继续履行合同义务的责任。

8）赔偿损失，是指行为人因违反合同或者侵权行为而给他人造成损害，应以其财产赔偿受害人所受的损失。

9）支付违约金，是指行为人因违反合同规定的义务，而应按照合同的约定，向权利人支付一定数额的货币作为违约的惩罚。

10）消除影响、恢复名誉，是指行为人因其侵害了公民或者法人的人格、名誉而应承担的，在影响所及的范围内消除不良后果、将受害人的名誉恢复到未受侵害时的状态。

11）赔礼道歉，是指违法行为人向受害人公开认错、表示歉意的责任形式。既可由加害人向受害人口头表示，也可以由加害人以写道歉书的形式进行。

以上承担民事责任的方式，可以单独适用，也可以合并适用。

二、会计法律责任制度缺失的表现

（一）会计人员对会计法律责任认识存在一定的偏差

目前我国市场竞争激烈，职场压力大，一些会计人员为了谋求不当得利或迫于压力屈服于不法的单位负责人的意志，而将会计的责任抛之于脑后，这种对法律责任没有足够重视的态度，直接导致造做假账、偷税漏税行为的发生。

（二）单位负责人对自身要承担的会计法律责任认识不充分

《会计法》第四条明确规定"单位负责人对本单位的会计工作和会计资料的真实性、完整性负责。"一些单位负责人一味地追求利益，没有法律概念，甚至迫使会计人员采用非法手段，无视会计法律，甚至还有很多负责人不懂会计，对于企业的财务制度和财务决策没能及时监督和考核，导致企业的财务缺乏有力的内部控制机制。

（三）对于会计违法行为的处罚缺乏有力的外部保障体制

我国目前对于会计违法行为的制裁监督机构跟其他的违法行为是一样的，都是依靠检察院进行监督执行，缺乏一个专门的有力的行政部门来保障对会计违法行为的法律制裁得到有效执行和实施。

三、有效规避会计法律责任的对策

通过完善相关会计控制制度、明确责任划分界限、提高会计人员职业素质、通过聘请律师对会计违法行为"提前介入"等措施，能够帮助会计责任主体有效地规避一些不必要的纠纷，从而更好地保护自己的正当权益。

（一）完善会计内部控制，防范违法行为发生

首先，应改善我国会计内部控制意识薄弱的大环境，增强会计内部控制意识，充实活动措施，使之不再流于形式。其次，健全会计内部控制的审计制度，对其进行有

效监督和纠偏。再次，对现有会计信息系统进行必要的升级和更新，确保信息系统的先进、安全、全面，防止一些会计人员任意盗取或篡改数据。最后，实行会计人员的定期岗位轮换制度，使会计人员之间形成相互制约、相互监督的关系，这样可以有效地预防和规避违法行为发生。

（二）明确责任划分界限，理清责任主体关系

企业单位中，涉及会计法律责任的主体包括以下三方：企业法人、企业管理者、企业会计核算人员，在由这三方构成的会计责任主体体系中，各方的权利、利益并不一致，因此，规范、公平的责任划分规则，有利于理清责任主体关系、明确责任划分边界，进而有效规避会计法律责任的发生。

（三）提高会计职业素质，规避责任纠纷

具体来说，提高会计职业素质应从以下几个方面着手：第一，提高学习能力，会计人员应注重自身学习能力的提高，"活到老，学到老"，及时补充和更新自己的专业知识。第二，提高实践能力，通过初始以及后续的在职培训，获得宝贵的经验，丰富职业阅历，提高自身的胜任能力。第三，提高道德素养，"做事先做人"，会计人员若缺乏"做人"的基础，很容易为求一己之利而违法犯法。

（四）聘请专业律师，维护正当权益

聘请专业律师担任企业的法律顾问，来提供全过程的法律服务，能够很好地避免法律纠纷，维护相关会计人员的正当权益。专业律师不仅懂得财务会计相关的基本知识，而且还熟知会计相关法律的立法背景、立法精神、立法原则，知晓《会计法》《中华人民共和国公司法》《中华人民共和国证券法》等相关法律规定，能够从更高的角度把握会计相关法律法规赋予会计人员的权力和义务，能够有理、有力、有节地参与相关会计人员、司法机构等的沟通和协调，找到解决问题的途径，同时，可以为当事人既维护自身正当利益又避免法律风险提供专业的法律咨询。

在现代市场经济条件下，关于会计法律责任的认定与规避问题越来越引起人们的关注，现有的法律法规和行政规范中涉及会计责任的内容也很多，但同时我国会计法律责任认定规范还不是很完善，需要建立一套完整的会计责任认定规范体系以及相应的规避措施。完善我国的会计法律责任体系不能盲目照搬照套，对于那些具有特殊背景的制度安排不能采取拿来主义，要建立符合我国国情的认定体系和规避措施才能达到事半功倍的效果。

四、法律责任

1. 违反国家统一的会计制度行为的法律责任

根据《会计法》第四十二条违反本法规定，有下列行为之一的，由县级以上人民政府财政部门责令限期改正，可以对单位并处三千元以上五万元以下的罚款；对其直接负责的主管人员和其他直接责任人员，可以处二千元以上二万元以下的罚款；属于国家工作人员的，还应当由其所在单位或者有关单位依法给予行政处分：

（一）不依法设置会计账簿的；

（二）私设会计账簿的；

（三）未按照规定填制、取得原始凭证或者填制、取得的原始凭证不符合规定的；

（四）以未经审核的会计凭证为依据登记会计账簿或者登记会计账簿不符合规定的；

（五）随意变更会计处理方法的；

（六）向不同的会计资料使用者提供的财务会计报告编制依据不一致的；

（七）未按照规定使用会计记录文字或者记账本位币的；

（八）未按照规定保管会计资料，致使会计资料毁损、灭失的；

（九）未按照规定建立并实施单位内部会计监督制度或者拒绝依法实施的监督或者不如实提供有关会计资料及有关情况的；

（十）任用会计人员不符合本法规定的。

有前款所列行为之一，构成犯罪的，依法追究刑事责任。

会计人员有第一款所列行为之一，情节严重的，五年内不得从事会计工作。

有关法律对第一款所列行为的处罚另有规定的，依照有关法律的规定办理。

2. 伪造、变造会计凭证、会计账簿，编制虚假财务会计报告行为的法律责任

根据《会计法》第四十三条规定，伪造、变造会计凭证、会计账簿，编制虚假财务会计报告，构成犯罪的，依法追究刑事责任。

有前款行为，尚不构成犯罪的，由县级以上人民政府财政部门予以通报，可以对单位并处五千元以上十万元以下的罚款；对其直接负责的主管人员和其他直接责任人员，可以处三千元以上五万元以下的罚款；属于国家工作人员的，还应当由其所在单位或者有关单位依法给予撤职直至开除的行政处分；其中的会计人员，五年内不得从事会计工作。

3. 隐匿或者故意销毁依法应当保存的会计凭证、会计账簿、财务会计报告行为的法律责任

根据《会计法》第四十四条规定，隐匿或者故意销毁依法应当保存的会计凭证、会计账簿、财务会计报告，构成犯罪的，依法追究刑事责任。

有前款行为，尚不构成犯罪的，由县级以上人民政府财政部门予以通报，可以对单位并处五千元以上十万元以下的罚款；对其直接负责的主管人员和其他直接责任人员，可以处三千元以上五万元以下的罚款；属于国家工作人员的，还应当由其所在单位或者有关单位依法给予撤职直至开除的行政处分；其中的会计人员，五年内不得从事会计工作。

根据《中华人民共和国刑法》（以下简称《刑法》）第一百六十二条之一规定，隐匿或者故意销毁依法应当保存的会计凭证、会计账簿、财务会计报告，情节严重的，处五年以下有期徒刑或者拘役，并处或者单处二万元以上二十万元以下罚金。单位犯前款罪的，对单位判处罚金，并对其直接负责的主管人员和其他直接责任人员，依照前款的规定处罚。

4. 授意、指使、强令会计机构、会计人员及其他人员伪造、变造会计凭证、会计账簿，编制虚假财务会计报告或者隐匿、故意销毁依法应当保的会计凭证、会计账簿、财务会计报告行为的法律责任

根据《会计法》第四十五条规定，授意、指使、强令会计机构、会计人员及其他人员伪造、变造会计凭证、会计账簿，编制虚假财务会计报告或者隐匿、故意销毁依法应当保的会计凭证、会计账簿、财务会计报告，构成犯罪的，依法追究刑事责任；尚不构成犯罪的，可以处五千元以上五万元以下的罚款；属于国家工作人员的，还应当由其所在单位或者有关单位依法给予降级、撤职、开除的行政处分。

5. 单位负责人对依法履行职责、抵制违反《会计法》规定行为的会计人员实行打击报复的法律责任

根据《会计法》第四十六条规定，单位负责人对依法履行职责、抵制违反本法规定行为的会计人员以降级、撤职、调离工作岗位、解聘或者开除等方式实行打击报复，构成犯罪的，依法追究刑事责任；尚不构成犯罪的，由其所在单位或者有关单位依法给予行政处分。对受打击报复的会计人员，应当恢复其名誉和原有职务、级别。

根据《刑法》第二百五十五条规定，公司、企业、事业单位、机关、团体的领导人，对依法履行职责、抵制违反会计法、统计法行为的会计、统计人员实行打击报复，情节恶劣的，处三年以下有期徒刑或者拘役。

6. 财政部门及有关行政部门的工作人员职务违法行为的法律责任

根据《会计法》第四十七条规定，财政部门及有关行政部门的工作人员在实施监督管理中滥用职权、玩忽职守、徇私舞弊或者泄露国家秘密、商业秘密，构成犯罪的，依法追究刑事责任；尚不构成犯罪的，依法给予行政处分。

收到对违反《会计法》和国家统一的会计制度行为检举的部门及负责处理检举的

部门，根据《会计法》第四十八条规定，将检举人姓名和检举材料转给被检举单位和被检举人个人的，由所在单位或者有关单位依法给予行政处分。

【任务实施】

（1）完成实习会计基础与认知（CMAC 一级）配套章节练习。

（2）完成实习会计基础与认知（CMAC 一级）平台任务（参考 CMAC 试题操作指南）。

【知识拓展】

"会计"命名的起源与含义

一、《史记》中的"会计"

有学者认为，"会计"一词起源于中国的第一个朝代——夏朝，其根据是《史记》中出现的一段关于"会计"的记载。《史记·夏本纪》中有载："自虞、夏时，贡赋备矣。或言禹会诸侯江南，计功而崩，因葬焉，命曰会稽。会稽者，会计也。"这段话是说："从虞舜、夏禹时代开始，纳贡赋税的制度就基本完备了。有人说，禹在江南召集诸侯，进行考核功绩的时候去世了，于是就葬在当地，把此地命名为'会稽'，'会稽'也就是'会计'"。

二、春秋战国的"会计"

（一）《周礼》之"会计"

《周礼》中记载了许多财务会计的行为和标准，如《周礼·宫正/外饔》中记："会其什伍而教之道艺。月终，则会其稍食。岁终，则会其行事……"意思是，将宫中官员的子弟按照军队的编制形式组织起来，教给他们礼、乐、射、御、书、数等技艺。每底，统计宫中官员的月俸，年底，统计宫中官员的任职情况。

（二）孔子做会计

《孟子·万章章句下》中所记："孔子尝为委吏矣，曰'会计当而已矣'。尝为乘田矣，曰'牛羊茁壮长而已矣'。位卑而言高，罪也；立乎人之本朝，而道不行，耻也。"这段话是说："孔子曾经当过掌管仓库的小官，说：'（做这件事）只要出入账目符合要求就行了'。曾经当过主管畜牧的小吏，说'只要牛羊茁壮成长就行了'。职位低而好为大言，是罪过；在朝廷做官却不能实现自己的抱负，是可耻的。"

这段话对会计而言，有两方面的含义：①孔子是春秋时代的人，春秋时代的孔子说了这段话，显然，"会计"一词在春秋时就已出现了；②虽然孔子旨在借"委吏"和"乘田"的职责来表达关于"在其位谋其政"的思想以及儒家主张的等级观念，但从这段话中对"委吏"职责的表述却可以看出孔子对会计职业道德的认识——"会计当而已矣"。两千多年前的孔子对会计职业道德的认识与现代人如出一辙，这反映了会计职业的历史沿革和文化传承。

三、西周的"会计"

西周时期，政治、经济和文化的发展为会计的发展提供了客观条件。西周是我国奴隶制发展的鼎盛时期，这一时期，无论是农业、手工业、畜牧业、商业，还是经济制度的建设都是前所未有的。

西周王朝较其以前的朝代更注重对各经济部门的严格控制，并注重其中的财政与会计工作，以至推动了官厅会计的发展。

《周礼·天官冢宰·大府/取币》中有载："掌国之官府，郊野、县都之百物财用。凡在书契、版图者之贰，以逆群吏之治而所其会计，以参互考日成，以月要考月成，以岁会考岁成，以周知四国之治，以诏王及冢宰废置。"这段话是说："掌管王国各官府以及郊、野、县都记载各种财物开支的账册和户籍地图的副本，据以接受各级官吏呈报的政绩并加以考核，评断他们的会计文书。相互参照（司书、职内和职岁三官的记录）以考核十日的办事文书记录，用月结算的会计文书考核当月的办事文书记录，用年终结算的会计文书考核全年的办事文书记录。全面了解各诸侯国的治理情况，以协助王和冢宰决定对他们的惩罚和奖励。"

四、"会计"命名的含义

汉代《说文》中称"会，合也"。"计，会也，算也"。清代数学家焦循对"会计"进行了更详细的注释："会，大计也。然则零星算之为计，总合算之为会计。"

1. "零星算之"与"总合算之"

《周礼·天官冢宰·大府/取币》中有载："司会掌邦之六典、八法、八则之贰，以逆邦国都鄙官府之治。""以参互考日成，以月要考月成，以岁会考岁成。""日成"为一旬之会计记录，是在每一天的会计记录基础上形成的一种具有总合性质的会计记录，凡一天之计，由每笔账目核算而成，表现为"零星算之"，故为"计"；凡一旬之会计记录，由十天的账目总合而成，故称之为"会"。

"月要"核算的时间单元为一个月,自然是在每旬核算的基础上产生的,故相对而言,月要为总合算之,日成是零星算之,以此类推,岁会为总合算之,腰则为零星算之。

2. "会计"与"计会"的区别

从西周至春秋战国,史书中对会计的记载有"会计"和"计会"。"会"字置于前,其意为总合算之是关键性工作,零星算之为基础性工作。如果称为"计会",则意为零星算是关键性工作,总合算是后续工作,重点是零星核算。

项目二

复式记账法

任务一 掌握借贷记账法

【任务描述】
(1) 掌握会计等式;
(2) 了解借贷记账法的含义及符号;
(3) 掌握借贷记账法的记账规则;
(4) 熟练运用资产类和负债及所有者权益类记账规则。

【知识储备】

一、会计等式

会计等式是反映会计要素之间内在平衡关系的计算公式,它是制定各项会计核算方法的理论基础,从实质上看,会计等式揭示了会计主体的产权关系、基本财务状况和经营成果。

(一) 静态会计等式

静态会计等式:资产 = 负债 + 所有者权益

企业的资产最初表现为库存现金、银行存款、存货、固定资产、无形资产、长期投资等，这些资产或者是投资者的投资本金，或者是债权人的借入资金，每一项资产都有其来源，都代表着相应的权益。随着企业生产经营活动的开展，企业相应地发生费用并取得收入，从而在一定的会计期间实现经营成果，也与其他企业或单位发生债权债务关系，在生产经营过程中形成一定的债权和债务，发生的债权成为企业的资产，而形成的债务则成为企业的负债。这些经营成果和债权债务也都代表着相应的权益。因此，资产始终都代表着一定的权益，归属于相应的所有者。资产与权益实际上是企业所拥有的经济资源在同一时点上所表现的不同形式。资产表明的是资源在企业存在、分布的形态，而权益则表明了资源取得和形成的渠道。有一定的资产，同时就有一定的权益；反之，有一定的权益，同时就有一定的资产。因此，企业有多少数额的资产必有与其等量的权益，即在任何情况下企业的资产总是等于权益。资产与权益之间的恒等关系可以用公式表示，即

$$资产 = 权益$$

资产与权益的恒等关系是复式记账法的理论基础，也是编制资产负债表的依据。会计的实际工作，如会计科目和账户的设置、复式记账、试算平衡、结账、财务报表的设计与编制，都必须以这一会计恒等式为指导。

资产是由于过去的交易或事项所引起，能为企业带来经济利益的资源。企业的资产来源于所有者的投入资本和债权人的借入资金及企业在生产经营过程中所产生效益的积累，分别归属于所有者和债权人。归属于所有者的部分形成所有者权益，归属于债权人的部分形成债权人权益（即企业的负债）。因此，会计恒等式可以进一步表示为

$$资产 = 负债 + 所有者权益$$

这一会计等式表明，某一会计主体在某一特定时点所拥有的各种资产以及债权人和投资者对企业资产要求权的基本状况，表明资产、负债和所有者权益的基本关系，同时也构成资产负债表的三个基本要素。由于该等式是会计等式中最通用和最一般的形式，所以通常也称为会计基本等式。

（二）动态会计等式

动态会计等式：收入－费用＝利润

企业经营的目的是为了获取收入，实现盈利。企业在取得收入的同时，也必然要发生相应的费用。通过收入与费用的比较，我们才能确定一定时期的盈利水平，确定实现的利润总额。它们之间的关系用公式表示为

$$收入 - 费用 = 利润$$

企业一定时期所获得的收入扣除所发生的各项费用后的余额，表现为利润。在实际工作中，由于收入不包括处置固定资产净收益、固定资产盘盈、出售无形资产收益等，费用也不包括处置固定资产净损失、自然灾害损失等，所以，收入减去费用并经过调整后，才等于利润。

收入、费用和利润之间的上述关系，是编制利润表的基础。

二、复式记账法

企业发生的经济业务必然会引起会计要素发生增减变动，账户能够全面、系统地反映各会计要素有关项目的增减变动及结果，但如何将发生的经济业务记录到有关的账户中，就需要采用一定的记账方法。所谓记账方法，简单地说，就是在账簿中登记经济业务的方法。按其记录经济业务方式的不同，记账方法可以分为复式记账法和单式记账法。

复式记账法是以资产与权益平衡关系作为记账基础，对于每一笔经济业务，都要在两个或两个以上相互联系的会计科目中进行登记，系统地反映资金运动变化结果的一种记账方法。任何一笔经济业务的发生，都至少要涉及两项或两项以上具体经济内容的增减变动，而且增减变动的金额是相等的。

例如，企业用银行存款 20 000 元购买原材料。运用复式记账法，对于企业发生的这笔经济业务，一方面要在反映银行存款增减变动和结余情况的"银行存款"科目中，记录银行存款减少 20 000 元，另一方面要在反映原材料增减变动和结余情况的"原材料"科目中，记录原材料增加 20 000 元，从而全面地反映该项经济业务所引起资金变化的来龙去脉，反映了经济业务的全貌。

单式记账法是记账方法发展的早期形式，是将有关经济业务引起的一个方面的变动在一个会计科目中进行单方面登记，而与此相关的另一方面不予反映的一种记账方法。单式记账法不是所有的经济业务都反映，一般只反映涉及现金、银行存款的收付和应收、应付账款等债权债务的业务。另外，即使对业务内容进行反映，也只是将经济业务引起的一个方面在相应的账户中登记，而另一方面并不予以登记。上例中，若运用单式记账法，将只在"银行存款"科目中记录银行存款减少 20 000 元。正是由于单式记账法不是对所有经济业务都反映，单式记账法下设置的账户是不完整的，也无法进行账户记录的综合试算，目前已被淘汰，复式记账法成为广泛应用的记账方法。

三、借贷记账法

借贷记账法是指以"借"和"贷"为记账符号的一种复式记账方法，就是将发生的经济交易与事项所引起会计要素的增减变动以相等的金额，同时在相互关联的两个或者两个以上的会计科目中进行相互联系、相互制约的记录。

借贷记账法是建立在"资产＝负债＋所有者权益"会计等式的基础上，以"有借必有贷，借贷必相等"作为记账规则，反映会计要素的增减变动情况的一种复式记账方法。

下面从记账符号、账户结构、记账规则等方面介绍借贷记账法。

（一）记账符号

记账符号是会计上用来表示经济业务的发生涉及的金额应该记入有关账户的左方金额栏还是右方金额栏的符号。借贷记账法以"借"和"贷"为记账符号，分别作为账户的左方和右方。"借"表示增加，还是"贷"表示增加，取决于会计科目的性质和结构。

借贷记账法起源于13世纪的意大利。"借""贷"二字的含义，最初是从借贷资本家的角度来解释的，借贷资本家把收进的存款记在贷主的名下，表示债务；把付出的放款记在借主的名下，表示债权。当时，借贷二字反映的是债权、债务的变化。后来，随着借贷记账法在非借贷领域的广泛应用以及会计方法的改进，借贷二字已失去了原有的含义，而演变成纯粹的记账符号，成为会计上的专门术语，用来标明记账方向

（二）账户结构

掌握借贷记账法，应当了解账户的结构以及账户所能反映的经济内容，才能正确地运用记账规则，登记好账簿。

在借贷记账法下，账户的基本结构是：左方为借方，右方为贷方。但是哪一方登记增加，哪一方登记减少，则要根据账户反映的经济内容的性质决定，如图 2-1 所示。

图 2-1　账户结构

不同性质的会计科目，其结构是不同的，同类性质的科目，其结构是相同的。会计科目包括资产、负债、所有者权益、成本和损益五大类，但因损益类会计科目又可细分为收入类和费用类两类，所以，制造型企业的账户实际包括资产、负债、所有者权益、成本、收入和费用六类，每一类会计科目的结构具体如下：

1. 资产类账户结构

借贷记账法下，资产类账户的借方表示增加，贷方表示减少，期初期末余额均在借方。即当资产类账户发生增加额时，登记在该账户的借方，发生减少额时登记在该账户的贷方。

资产类账户的期末余额计算公式如下：资产类账户期末余额＝期初余额＋本期借方发生额（增加额）－本期贷方发生额（减少额）。

资产类会计科目的结构如图 2-2 所示。

资产类

借方	贷方
期初余额	
本期增加发生额	本期减少发生额
本期借方发生额合计	本期贷方发生额合计
期末余额	

图 2-2 资产类会计科目的结构

2. 权益类账户结构

权益类账户包括负债类账户和所有者权益类账户，权益类账户的结构与资产类账户的结构正好相反，权益类账户的贷方表示增加，借方表示减少，期初期末余额均在贷方。即当权益类账户发生增加额时登记在该账户的贷方，发生减少额时登记在账户的借方，其余额一般出现在账户的贷方。负债及所有者权益类会计科目的结构如图 2-3 所示。

负债与所有者权益类

借方	贷方
	期初余额
本期减少额	本期增加额
本期借方发生额	本期贷方发生额
	期末余额

图 2-3 负债及所有者权益类会计科目的结构

期初余额、本期借方发生额、本期贷方发生额和期末余额之间的关系可用公式表示：期末余额 = 期初余额 + 本期贷方发生额（增加额）– 本期借方发生额（减少额）。

3. 成本类账户结构

企业生产的产品是企业资产的一种存在形态，也就是说，属于资产范畴。但对企业来说，生产成本的高低，影响了企业盈利能力的大小，因此单独考核生产成本非常必要。为适应管理要求，在进行科目设置时，就单独设置了成本类会计科目。由此可知，成本类会计科目的结构与资产类会计科目的结构一致，其内部关系也相同。即成本类会计科目的借方登记成本的增加额，贷方登记成本的减少额，期末若有余额，应在借方。成本类会计科目的结构如图 2-4 所示。

<table>
<tr><td colspan="2" align="center">成本类</td></tr>
<tr><td align="center">借方</td><td align="center">贷方</td></tr>
<tr><td>本期增加发生额</td><td>本期减少或转销发生额</td></tr>
<tr><td>本期发生额合计</td><td>本期发生额合计</td></tr>
<tr><td>期末余额</td><td></td></tr>
</table>

图 2-4　成本类会计科目的结构

4. 损益类会计科目的结构

（1）收入类会计科目的结构。企业的收入将导致企业利润的增加，最终将引起所有者权益的增加。因此，收入类会计科目的结构与权益类会计科目结构相似，即收入类会计科目，增加额记在会计科目贷方，减少额记在借方，平时的余额记在会计科目的贷方。但与权益类会计科目不同的是，收入是企业在一定期间取得的经营业绩，不应留存到下一会计期间，应当在当期予以结转，以便下一会计期间的收入账户金额能够反映下一会计期间的实际收入状况，期末要将全部余额转入"本年利润"科目的贷方，以便结算本期利润。因此，收入类会计科目一般期末无余额。其会计科目的结构如图 2-5 所示。

<table>
<tr><td colspan="2" align="center">收入类</td></tr>
<tr><td align="center">借方</td><td align="center">贷方</td></tr>
<tr><td>本期减少或转销发生额</td><td>本期增加发生额</td></tr>
<tr><td>本期发生额合计</td><td>本期发生额合计</td></tr>
<tr><td></td><td>（一般无期末余额）</td></tr>
</table>

图 2-5　收入类会计科目的结构

（2）费用类会计科目的结构。费用类会计科目的结构与资产类会计科目的结构基本相同，增加的金额记入借方，减少的金额记入贷方，期末本期发生的费用增加额减去本期发生的减少额的差额转入所有者权益类有关会计科目，期末一般无余额。费用类会计科目的结构如图 2-6 所示。

费用类	
借方	贷方
本期增加发生额	本期减少或转销发生额
本期发生额合计	本期发生额合计
（一般无期末余额）	

图 2-6　费用类会计科目的结构

5. 借贷记账法下各类账户的结构概括

资产、成本、费用的增加和负债、所有者权益、收入的减少在相应会计科目的借方登记；负债、所有者权益、收入的增加和资产、成本、费用的减少在相应会计科目的贷方登记；借方余额一般表示的是资产，贷方余额一般表示的是负债或所有者权益。各类会计科目的基本结构归纳见表 2-1。

表 2-1　借贷记账法下各类会计科目的基本结构

会计科目类别	借方	贷方	余额方向
资产类	增加	减少	借方
负债类	减少	增加	贷方
所有者权益类	减少	增加	贷方
成本类	增加	减少（或转销）	借方
收入类	减少（或转销）	增加	一般无余额
费用类	增加	减少（或转销）	一般无余额

（三）记账规则

借贷记账法的记账规则为"有借必有贷，借贷必相等"。即对于每一笔经济业务，都要在两个或两个以上相互联系的会计科目中以借方和贷方相等的金额进行登记。具体来说，就是指对于每一项经济业务事项，如果在一个会计科目中登记了借方，必须同时在另一个或几个会计科目中登记贷方；或者反过来说，在一个会计科目中登记了贷方，就必须在另一个或几个会计科目中登记借方，并且登记在借方和贷方的金额总额必须相等。

运用借贷记账法的记账规则登记经济业务时，一般按以下步骤进行：

首先，分析经济业务中所涉及的会计科目名称，并判断会计科目的性质；其次，判断会计科目中所涉及的资金数量是增加还是减少；最后，根据会计科目的结构确定记入会计科目的方向。

下面举例说明借贷记账法的记账规则：

【例 2-1】

华源公司 2018 年 4 月份发生以下经济业务：

4 月 5 日，华源公司获得嘉华公司追加投资 80 000 元，存入开户银行。

该经济业务属于资产和所有者权益同时增加的类型，这项业务使华源公司的资产类会计科目"银行存款"增加 80 000 元，同时使所有者权益类会计科目"实收资本"增加 80 000 元，恰好是会计等式两边的金额同增。银行存款属于资产类会计科目，增加记入借方。实收资本属于所有者权益类，增加记入贷方。登记入账的结果如图 2-7 所示。

借方	实收资本	贷方	借方	银行存款	贷方
	期初余额	300 000		期初余额	200 000
	①	80 000	①	80 000	

图 2-7 T 形账户一

【例 2-2】

4 月 10 日，华源公司从供应单位购入原材料一批，价值 40 000 元，货款暂欠，材料已验收入库。

该经济业务属于资产和负债同时增加，这项经济业务的发生，使华源公司的"原材料"科目增加 40 000 元，同时"应付账款"科目增加 40 000 元。"原材料"属于资产类会计科目，增加记入借方。"应付账款"科目属于负债类会计科目，增加记入贷方。该业务引起会计等式两边同增，登记入账的结果如图 2-8 所示。

借方	应付账款	贷方	借方	原材料	贷方
	期初余额	80 000		期初余额	60 000
	②	40 000	②	40 000	

图 2-8 T 形账户二

【例 2-3】

4月20日，华源公司以银行存款支付所欠购原材料款 40 000 元。

该经济业务属于资产和负债同时减少，这项业务使华源公司的资产类会计科目"银行存款"减少 40 000 元，应记入该会计科目的贷方，同时使负债类会计科目"应付账款"减少 40 000 元，应记入该会计科目的借方。这项业务引起会计等式两边同减，登记入账的结果如图 2-9 所示。

借方	银行存款	贷方	借方	应付账款	贷方
期初余额	2 00 000			期初余额	80 000
①	80 000	③ 40 000	③ 40 000	②	40 000

图 2-9　T 形账户三

【例 2-4】

按法定程序减少注册资本 100 000 元，用银行存款向所有者支付。

该经济业务的发生，属于资产和所有者权益同时减少的经济业务。涉及资产中的"银行存款"科目和所有者权益中的"实收资本"科目，各减少 100 000 元。根据资产和所有者权益的会计科目结构原理，资产的减少登记在贷方；所有者权益的减少登记在借方。因此，本笔经济业务事项的处理是，同时以相同的 100 000 元分别登记在"银行存款"科目的贷方和"实收资本"的借方。具体结果如图 2-10 所示。

借方	银行存款	贷方	借方	实收资本	贷方
期初余额	200 000			期初余额	300 000
①	80 000	③ 40 000		①	80 000
		④ 100 000	④ 100 000		

图 2-10　T 形账户四

【例 2-5】

4月25日，华源公司支付银行存款 90 000 元购入生产用设备一台。

该经济业务属于一项资产增加，另一项资产减少的业务。这项业务使华源公司的"固定资产"增加了 90 000 元，同时造成"银行存款"减少 90 000 元。两者都属于资产类会计科目，应记入"固定资产"科目的借方和"银行存款"科目的贷方。登记入账的结果如图 2-11 所示。

借方	银行存款	贷方		借方	固定资产	贷方
期初余额	200 000			期初余额	400 000	
①	80 000	③	40 000			
		⑤	90 000	⑤	90 000	

图 2-11 T 形账户五

【例 2-6】

4 月 27 日,以前购货所欠的应付账款 60 000 元到期,但公司暂无款支付,向银行借入短期借款 60 000 元用于归还前欠货款。

该经济业务属于一项负债增加,另一项负债减少的业务。其中"短期借款"增加记入贷方,"应付账款"减少记入借方,仍然是有借必有贷,借贷必相等。登记入账的结果如图 2-12 所示。

借方	短期借款	贷方		借方	应付账款	贷方
		期初余额	50 000			期初余额	80 000
		③	40 000	②	40 000		
		⑥	60 000	⑥	60 000		

图 2-12 T 形账户六

【例 2-7】

决定以盈余公积 80 000 元向所有者分配利润。

该经济业务属于一项负债增加,一项所有者权益减少的业务。该经济业务的发生,引起所有者权益减少 80 000 元,负债增加 80 000 元。涉及负债类会计科目中的"应付利润"科目和所有者权益类科目中的"盈余公积"科目,"应付利润"科目增加 80 000 元,"盈余公积"科目减少 80 000 元。该经济业务应以 80 000 元相等的金额分别记入"应付利润"的贷方和"盈余公积"的借方。具体结果如图 2-13 所示。

借方	应付利润	贷方		借方	盈余公积	贷方
						期初余额	200 000
		⑦	80 000	⑦	80 000		

图 2-13 T 形账户七

【例 2-8】

经批准，将企业发行的 20 000 元应付债券转为实收资本。

此经济业务的发生，引起负债和所有者权益的变动，属于一项负债减少，一项所有者权益增加的业务。涉及负债类会计科目中的"应付债券"科目和所有者权益中的"实收资本"科目，"应付债券"科目减少 20 000 元，"实收资本"科目增加 20 000 元。因此，该经济业务的处理应是，以相等的金额 20 000 元分别登记"应付债券"科目的借方和"实收资本"科目的贷方。具体结果如图 2-14 所示。

借方	实收资本	贷方	借方	应付债券	贷方
	期初余额	300 000		期初余额	30 000
④ 100 000	①	80 000			
	⑧	20 000	⑧ 20 000		

图 2-14 T 形账户八

【例 2-9】

经批准，企业用盈余公积 70 000 元转增资本。

此经济业务的发生，引起的是所有者权益内部项目的变动，属于一项所有者权益减少，另一项所有者权益增加的业务。涉及所有者权益类会计科目中的"盈余公积"和"实收资本"两个会计科目，"盈余公积"科目减少 70 000 元，"实收资本"科目增加 70 000 元。因此，本笔经济业务的处理是，以相同的金额 70 000 元记入"盈余公积"的借方和"实收资本"的贷方。具体结果如图 2-15 所示。

借方	实收资本	贷方	借方	盈余公积	贷方
	期初余额	300 000		期初余额	200 000
④ 100 000	①	80 000	⑦ 80 000		
	⑧	20 000			
	⑨	70 000	⑨ 70 000		

图 2-15 T 形账户九

通过上述例子可以看出，在借贷记账法下，无论何种类型的经济业务，其处理原则都是"有借必有贷，借贷必相等"。

在上述举例的每一笔经济业务中，所涉及的会计科目只有一个借方会计科目和一个贷方会计科目，但实际的经济业务远比这复杂，有可能同时涉及一个会计科目的借方和几个会计科目的贷方，或者是一个会计科目的贷方和几个会计科目的借方，或者是多个会计科目的借方和多个会计科目的贷方。无论一笔经济业务有多么复杂，在借贷记账法下，都遵循同样的"有借必有贷，借贷必相等"的记账规则。当一笔经济业务涉及一个会计科目的借方和几个会计科目的贷方时，那么就应该使该借方会计科目的金额等于该贷方的几个会计科目的金额之和，使借贷两方的金额相等。反之，一笔经济业务涉及一个会计科目的贷方和几个会计科目的借方时，也应该使贷方会计科目的金额与借方的几个会计科目的金额之和相等。

【例 2-10】

华源公司购入一批原材料，货款为 50 000 元，以银行存款支付 30 000 元，余款尚未支付，材料已验收入库。

对于这一笔经济业务，所涉及的会计科目有资产类会计科目中的"原材料"科目和"银行存款"科目，负债类会计科目中的"应付账款"科目。原材料增加 50 000 元，银行存款减少 30 000 元，应付账款增加 20 000 元。这里所涉及的三个会计科目中，"原材料"科目是增加，应记入借方；"银行存款"科目是减少，应记入贷方；"应付账款"科目是增加，应记入贷方。因此，借方有一个科目，贷方有两个科目。处理时，应使借方"原材料"科目的金额等于记入贷方的"银行存款"科目和"应付账款"科目的金额之和，即"原材料"科目借方登记 50 000 元，"银行存款"科目贷方登记 30 000 元和"应付账款"科目贷方登记 20 000 元，借贷两方金额相等。其具体结果如图 2-16 所示。

借方	银行存款		贷方		借方	应付账款	贷方
期初余额	200 000					期初余额	80 000
①	80 000	③	40 000			②	40 000
		⑤	90 000			⑩	20 000
		⑩	30 000				

借方	原材料	贷方
期初余额	60 000	
②	40 000	
⑩	50 000	

图 2-16　T 形账户十

【任务实施】

（1）完成实习会计基础与认知（CMAC 一级）配套章节练习。

（2）完成实习会计基础与认知（CMAC 一级）平台任务（参考 CMAC 试题操作指南）。

任务二　学习编制会计分录

【任务描述】
（1）了解会计分录的含义及三要素；
（2）了解编制会计分录的注意事项。

【知识储备】

按照账务处理程序，在账户中记录任何一项经济业务，都必须以记账凭证为依据。为了保证记账的正确性，在将经济业务记入账户之前，都应先对每项经济业务进行分析，根据经济业务所涉及的账户及其记账的借贷方向和金额，编制会计分录。

一、会计分录的含义

企业日常要发生大量的经济业务，如果按照经济业务逐笔记入会计科目，不但工作量大，而且也容易出现差错，进而影响到企业所提供的会计信息的准确性。因此，在实务中，为了保证会计科目记录的正确性和便于事后检查，在把经济业务记入会计科目之前，要采用一种专门的方法来确定各项经济业务正确的会计科目对应关系，即确定经济业务涉及的会计科目及其借贷方向和金额。这种方法就是编制会计分录。

会计分录是指对某项经济业务标明其应借应贷账户及其金额的记录，简称分录。会计分录是由应借应贷方向、对应账户（科目）名称及应记金额三要素构成。按照所涉及账户的多少，分为简单会计分录和复合会计分录。简单会计分录是指只涉及一个账户借方和另一个账户贷方的会计分录，即一借一贷的会计分录；复合会计分录指由两个以上（不含两个）对应账户所组成的会计分录，即一借多贷、一贷多借或多借多贷的会计分录。

二、会计分录的编制

在会计实际工作中，会计分录是根据记载各项经济业务的原始凭证，在具有一定格式的记账凭证中编制的。编制会计分录是会计工作的初始阶段。会计分录是记账的直接依据，如果会计分录错了，必然影响整个会计记录的正确性。所以，会计分录必须如实地反映经济业务的内容，正确确定应借、应贷的会计科目及金额。

会计分录应包括以下内容：一组对应的记账符号，即借方和贷方；涉及两个或两个以上的会计科目名称；借贷双方的相等金额。

（一）会计分录的格式

平时编制会计分录时要注意，一般是先借后贷、上借下贷或左借右贷。一般"贷"字应对齐借方会计科目的第一个字、金额也要错开写。

（二）会计分录的分类

会计分录按其结构不同，分为简单会计分录和复合会计分录。

简单会计分录是指只涉及一个借方科目和另一个贷方科目的会计分录，即一借一贷的会计分录。这种分录，其科目对应关系一目了然。

承例2-1至例2-9中9笔业务对应的会计分录分别为：

（1）借：银行存款　　　　　　　　　　　　　　　　80 000
　　　贷：实收资本　　　　　　　　　　　　　　　　　　80 000

（2）借：原材料　　　　　　　　　　　　　　　　　40 000
　　　贷：应付账款　　　　　　　　　　　　　　　　　　40 000

（3）借：应付账款　　　　　　　　　　　　　　　　40 000
　　　贷：银行存款　　　　　　　　　　　　　　　　　　40 000

（4）借：实收资本　　　　　　　　　　　　　　　100 000
　　　贷：银行存款　　　　　　　　　　　　　　　　　100 000

（5）借：固定资产　　　　　　　　　　　　　　　　90 000
　　　贷：银行存款　　　　　　　　　　　　　　　　　　90 000

（6）借：应付账款　　　　　　　　　　　　　　　　60 000
　　　贷：短期借款　　　　　　　　　　　　　　　　　　60 000

（7）借：盈余公积　　　　　　　　　　　　　　　　80 000
　　　贷：应付利润　　　　　　　　　　　　　　　　　　80 000

（8）借：应付债券　　　　　　　　　　　　　　　　20 000
　　　贷：实收资本　　　　　　　　　　　　　　　　　　20 000

（9）借：盈余公积　　　　　　　　　　　　　　　　70 000
　　　贷：实收资本　　　　　　　　　　　　　　　　　　70 000

复合会计分录是指经济业务发生以后，需在三个或三个以上对应科目中记录其相互金额变化情况的会计分录。编制复合会计分录，既可以集中反映某项经济业务的全面情况，又可以简化记账工作，提高会计工作效率。复合会计分录可为"一借多贷"或"一贷多借"，如果一项经济业务涉及多借多贷的科目，为全面反映此项经济业务，也可以编制"多借多贷"的复合会计分录，但不允许把反映不同类型的经济业务合并编制"多借多贷"的复合会计分录。

承例 2-10 中的业务对应的会计分录为：

借：原材料   50 000
　　贷：银行存款   30 000
　　　　应付账款   20 000

这便是一个复合会计分录，它是由一个借方科目与两个贷方科目相对应组成的。复合会计分录实际上是由几个简单会计分录合并组成的，因而必要时可将其分解为若干个简单会计分录。如上面的复合会计分录可分解为以下两个简单会计分录：

（1）借：原材料   30 000
　　　　贷：银行存款   30 000
（2）借：原材料   20 000
　　　　贷：应付账款   20 000

（三）会计分录的编制步骤

第一，分析经济业务事项涉及的是资产（成本、费用）还是权益（收入）。

第二，根据经济业务引起的会计要素的增减变化，确定涉及哪些会计科目，是增加还是减少。

第三，根据会计科目的性质和结构，确定记入哪个（或哪些）会计科目的借方、哪个（或哪些）会计科目的贷方。

第四，根据借贷记账法的记账规则，确定应借应贷会计科目是否正确，借贷方金额是否相等。

【任务实施】

（1）完成实习会计基础与认知（CMAC 一级）配套章节练习。

（2）完成实习会计基础与认知（CMAC 一级）平台任务（参考 CMAC 试题操作指南）。

任务三 掌握试算平衡

【任务描述】
（1）了解试算平衡的依据；
（2）了解试算平衡的种类；
（3）掌握发生额试算平衡法；
（4）掌握余额试算平衡法。

【知识储备】

一、试算平衡的含义

试算平衡是指根据资产与权益（或"资产＝负债＋所有者权益"）的恒等关系及借贷记账法的记账规则，检查和验证所有会计科目记录是否正确的一种方法。

二、试算平衡的种类

试算平衡有发生额试算平衡法和余额试算平衡法两种。

（一）发生额试算平衡法

发生额试算平衡法是根据本期所有账户借方发生额合计与贷方发生额合计的恒等关系，检验本期发生额记录是否正确的方法。

在借贷记账法下，由于对任何经济业务都是根据"有借必有贷，借贷必相等"的记账规则记账，这样，不仅每一笔经济业务记入相关会计科目的借方和贷方发生额相等，而且当一定会计期间的全部经济业务都记入相关会计科目后，所有会计科目的借方发生额合计数与贷方发生额合计数也必然相等。因此，在借贷记账法下，这种数量相等的关系用公式表示如下：

全部会计科目本期借方发生额合计 ＝ 全部会计科目本期贷方发生额合计

(二)余额试算平衡法

余额试算平衡法是根据本期所有账户的借方余额合计等于贷方余额合计的恒等关系,检验本期账户记录是否正确的方法。根据余额时间的不同,又分为期初余额平衡和期末余额平衡两类。

根据"资产=负债+所有者权益"的会计等式,运用借贷记账法在会计科目中记录经济业务的结果,各项资产余额的合计数与负债及所有者权益的合计数必然会相等。在借贷记账法下,由于每一会计科目的余额都是根据一定会计期间该会计科目累计发生额计算求得的。通过前面的会计科目结构可以知道,凡是有借方余额的科目都是资产类会计科目,凡是有贷方余额的科目都是负债和所有者权益类会计科目,所以,所有会计科目的借方余额合计数,即为资产总额;所有会计科目贷方余额合计数,即为负债和所有者权益总额。由于"资产=负债+所有者权益"的恒等关系,所有会计科目借方余额的合计数必然同所有会计科目贷方余额的合计数相等。根据余额时间不同,又分为期初余额平衡与期末余额平衡两类。因此,在借贷记账法下,这种数量相等的关系用公式表示如下:

全部会计科目的借方期初余额合计=全部会计科目的贷方期初余额合计

全部会计科目的借方期末余额合计=全部会计科目的贷方期末余额合计

三、平衡表

在实际工作中,试算平衡是通过编制试算平衡表的方式进行的,会计人员一般按照下面的方法进行试算平衡。

第一步:期末把全部账户应记录的经济业务登记入账,并计算出各个账户本期借方发生额,贷方发生额和期末余额。

第二步:编制总分类账户本期发生额及余额表。

根据上述例2-1至例2-9中华源公司4月份发生的9笔经济业务,可以编制发生额试算平衡表,见表2-2。

表2-2 本期发生额试算平衡表
2018年04月30日

会计科目	本期发生额	
	借方	贷方
银行存款	① 80 000	③ 40 000;④ 100 000;⑤ 90 000
原材料	② 40 000	

（续）

会计科目	本期发生额	
	借 方	贷 方
固定资产	⑤ 90 000	
应付账款	③ 40 000；⑥ 60 000	② 40 000
应付利润		⑦ 80 000
短期借款		⑥ 60 000
应付债券	⑧ 20 000	
实收资本	④ 100 000	① 80 000；⑧ 20 000；⑨ 70 000
盈余公积	⑦ 80 000；⑨ 70 000	
合　计	580 000	580 000

现在假定例 2-1 至例 2-9 中华源公司 4 月有关会计科目的期初余额见表 2-3。根据表 2-2 和前述 9 笔经济业务，可编制如表 2-4 所示的余额试算平衡表。

表 2-3　华源公司有关会计科目 4 月份期初余额

会计科目	期初余额	
	借 方	贷 方
银行存款	200 000	
原材料	60 000	
固定资产	400 000	
应付账款		80 000
应付利润		
短期借款		50 000
应付债券		30 000
实收资本		300 000
盈余公积		200 000
合　计	660 000	660 000

表 2-4　华源公司 4 月份余额试算平衡表

2018 年 04 月 30 日

会计科目	期初余额		本期发生额		期末余额	
	借 方	贷 方	借 方	贷 方	借 方	贷 方
银行存款	200 000		80 000	230 000	50 000	
原材料	60 000		40 000		100 000	
固定资产	400 000		90 000		490 000	
应付账款		80 000	100 000	40 000		20 000
应付利润				80 000		80 000
短期借款		50 000		60 000		110 000
应付债券		30 000	20 000			10 000
实收资本		300 000	100 000	170 000		370 000
盈余公积		200 000	150 000			50 000
合　计	660 000	660 000	580 000	580 000	640 000	640 000

在编制试算平衡表时，应注意以下几点：

（1）必须保证所有账户的余额均已记入试算平衡表。如有遗漏的话，就可能会造成期初或期末借方余额合计与贷方余额合计不相等。

（2）如果试算平衡表借贷不相等，就说明账户记录肯定有错误。

（3）如果试算平衡表经过试算都是平衡的，也不能说明账户记录就绝对正确，因为有些错误并不会影响借贷双方的平衡关系。例如：

1）漏记某项经济业务，将使本期借贷双方的发生额同时减少，借贷仍然平衡；

2）重记某项经济业务，将使本期借贷双方的发生额同时增加，借贷仍然平衡；

3）某项经济业务记错有关账户，借贷仍然平衡；

4）某项经济业务在账户记录中，颠倒了记账方向，借贷仍然平衡；

5）借方或贷方发生额中，偶然发生多记少记并相互抵消，借贷仍然平衡等。

因此，在编制试算平衡表之前，应认真核对有关会计科目记录，以消除上述错误。需要注意的是试算平衡表只能检查部分数字性的错误，文字性的错误检查不出来。

【任务实施】

（1）完成实习会计基础与认知（CMAC 一级）配套章节练习。

（2）完成实习会计基础与认知（CMAC 一级）平台任务（参考 CMAC 试题操作指南）。

【知识拓展】

会计其实很好懂，一个故事的事儿

其实，会计基本原理和方法很简单，可我们往往在讲授中把简单问题复杂化了。为方便同学们理解，笔者编了一个故事，作为同学们初步认识会计的开场白。

1. 小王大学毕业后，决定创业。和家人商量后，小王开了一家小型软件开发公司。开公司需要创业资金，小王通过以下渠道筹集了 100 000 元：

A. 家庭投入 50 000 元；

B. 同学借款 30 000 元；

C. 银行贷款 20 000 元。

上述资金都存在银行，其相互关系可以用一个衡等式表示：

银行存款（100 000元）= 家庭投入 50 000元 + 银行贷款 20 000元
+ 同学借款 30 000元。

2. 上述恒等式如果用会计语言表达，即资产 = 所有者权益 + 负债。

资产：银行存款100 000元是小王能够控制的，并能给自己带来经济利益的资源。

负债：银行贷款20 000元和向同学借款30 000元是小王承担的，会造成未来经济利益流出的现时义务。

所有者权益：家庭投入（本金）50 000元属于小王自己所拥有的权益，为资产减去负债之后的差额。

3. 公司开始运营后，银行存款用于多方面开支，有60 000元被从银行存款中划出，30 000元用于买设备，20 000元用于买材料，另提取现金10 000元备用。无论怎么变化，上述恒等式不变。即：

资产100 000元（设备30 000元 + 材料20 000元 + 现金10 000元 +
银行存款40 000元）= 所有者权益50 000元 + 负债50 000元

其中：

设备——使用期限在一年以上，价值大，流动性弱，叫固定资产；

材料——一次领用就一次消耗，流动性较强，叫流动资产；

现金和银行存款——流动性最强，也叫流动资产。

上述恒等式可表达为

固定资产30 000元 + 流动资产70 000元 =
所有者权益50 000元 + 负债50 000元

4. 年底，小王算了算公司开业以来的经营情况，有收入50 000元，支出材料费、人工费、房租等20 000元。于是，利润30 000元 = 收入50 000元 - 费用20 000元。同时，12月31日小王发现公司的资产状况也有了新的变化：

资产 = 固定资产60 000元 + 流动资产70 000元 = 130 000元

如果此时小王公司的负债和所有者权益还是最初数，那么恒等式该如何表达？

资产130 000元 = 负债50 000元 + 所有者权益50 000元 + ？

显然，等式右边的差额30 000元，即小王公司实现的利润，这部分利润应该归属于小王的新增权益，恒等式为

资产 = 负债 + 所有者权益（本金 + 利润）

用会计语言表示即，资产 = 负债 + 所有者权益（实收资本50 000元

+未分配利润 30 000 元）

会计核算以及资产负债表的原理就建立在这个恒等式上。

5. 资产＝负债＋所有者权益，这意味着，某一天，小王有多少资产，那么，他欠别人的钱加上自己的本金也是那么多。这反映了小王的财务状况。

利润＝收入－费用，说明在某一段时间内，小王盈利多少。这反映了小王的经营成果。

会计上把上述表示财务状况、经营成果的项目，叫作"会计要素"，即资产、负债、所有者权益、收入、费用。

6. 小王公司的业务发展得很快，公司的资产、负债、所有者权益、收入、费用很多，很复杂。

为了详细、全面、系统地记录和反映，应该对会计要素进行分类，每一类用会计语言命名，就是"会计科目"。一个要素之下该用哪些会计科目，这个用不着你去考虑。在你去一家单位之前，人家已经在使用了。学一些如何设置会计科目知识对于你来说暂时还用不到。

7. 只要有经济业务发生，就会引起相关会计要素及其会计科目中数据的变化。

我们把记载经济业务发生时取得或填制的书面文件称为原始凭证。我们把根据原始凭证整理而来，并以之记入到相应账户（账簿）中去的书面文件称为记账凭证。而账户（账簿）是具有一定格式的、以会计科目为名称的书面文件，专门记录"科目"名下的数据增减变动。期末，将账户（账簿）数据汇总，形成会计报表。

8. 会计最基本、最关键的工作是依据原始凭证按会计科目编制记账凭证，运用的方法是复式记账法，常用的是复式记账法中的借贷记账法，即以"借"和"贷"为记账符号的复式记账法。

之后，依据编制好的记账凭证，把数据登记到相关会计科目名下的账簿中去。期末，整理汇总账簿，并编制会计报表。

9. 会计程序：经济业务——原始凭证——记账凭证——账簿——会计报表。

简单地说，会计就是一种记录和报告经济业务的工作，包括记账、算账、报账，以及管账、用账。

记账：运用复式记账法，从原始凭证到记账凭证，再到账户；

算账：处理和总结账户数据，包括成本计算；

报账：根据账户综合数据，编制会计报表。

10. 会计核算（记账、算账、报账）的基本方法，是按照会计程序安排的，共有：

设置账户、复式记账、填制和审核会计凭证、登记账簿、成本计算、财产清查、编制报表。

会计是一个信息系统，输入信息是最关键的，在目前普遍运用的会计电算化系统中，最为关键的就是填制和审核会计凭证，其核心内容是编制记账凭证，即利用复式记账法编制会计分录，之后就是数据输入、系统自动处理数据和信息（报表）输出。

当你去一个新单位时，设置账户早已完成，与你的工作无直接关系；复式记账法很简单，半天搞定；做分录需要知识积累，即对经济业务进行确认、计量、分类需要一定的技术和经验，但不要害怕，常见类型就那么多，好好琢磨琢磨、多练练就行了。

所以，对于一个初学者来说，掌握复式记账法是关键，因为只有这样才能做会计分录。

11. 概念总结

（1）资金是财产物资的货币表现及货币本身。

（2）资金运动是能够以货币表现的经济活动，也是会计所核算和监督的内容，即会计对象。

1）资金运动的静态表现：你今天有多少钱，表明了你今天的资金状况（或财务状况），相关的会计等式为

$$资产 = 负债 + 所有者权益$$

2）资金运动的动态表现：你截至今天挣了多少钱，表明了你的资金效益（或经营成果），相关的会计等式为：

$$利润 = 收入 - 费用$$

（3）会计要素是指对会计对象内容（资金运动）所做的基本分类。

其中，静态要素有资产、负债、所有者权益，动态要素有收入、费用。

（4）会计科目是对会计要素进行分类核算的标志或项目。

（5）账户（账本、账簿）是具有一定格式的、以会计科目为名称的工具，专门记录科目名下的数据

（6）会计核算方法就是围绕记账、算账和报账的程序与方法，核心是编制会计分录。

（7）会计基本等式是指会计要素之间所存在的、在总额上保持必然相等

的关系式，是企业财务状况与经营成果的表达式，又叫会计恒等式。

基本等式：资产＝负债＋所有者权益；

扩充等式：资产＝负债＋所有者权益＋（收入－费用）；

或：资产＝负债＋所有者权益＋利润（－亏损）。

（8）资产负债表是根据账簿数据编制的、按"资产＝负债＋所有者权益"原理建立起来的、用于说明公司某一时点资金状况（或财务状况）的会计报表。

利润表是根据账簿数据编制的、按"利润＝收入－费用"原理建立起来的、用于说明公司某一时期经营成果的会计报表。

12. 几年后，小王的公司越做越大，作为董事长，他要在每个月末看由财务部递交上来的月度会计报表（月报），每个季末看季度会计报表（季报），年中看半年度财务报表（半年报），年末看年度会计报表（年报）。这样可以了解公司的财务状况（通过资产负债表）、经营成果（通过利润表）和财务状况变动情况（通过现金流量表）。

项目三

存货计价方法

任务一 了解存货计价方法

【任务描述】
（1）了解存货的概念；
（2）掌握存货的确认条件；
（3）熟悉存货成本的核算；
（4）了解存货包含哪几种计价方法。

【知识储备】

一、存货的概念、确认及核算

（一）存货的概念

存货是指在日常生产活动中持有以备出售的产成品或商品、处在生产过程中的在产品、在生产过程或提供劳务过程中耗用的材料、物料等，包含各类材料、在产品、半成品、产成品、商品以及包装物、低值易耗品、委托代销商品等。

1. 原材料

原材料是指企业在生产过程中经加工改变其形态或性质并构成产品主要实体的各种原料及主要材料、辅助材料、外购半成品，以及不构成产品实体但有助于产品形成的辅助材料。原材料具体包括原料及主要材料、辅助材料、外购半成品（外购件）、修理用备件（备品备件）、包装材料、燃料等。

2. 在产品

在产品是指企业正在制造尚未完工的生产物，包括正在各个生产工序加工的产品和已加工完毕但尚未检验或已检验但尚未办理入库手续的产品。

3. 半成品

半成品是指经过一定生产过程并已检验合格交付半成品仓库保管，但尚未制造完工成为产成品，仍需进一步加工的中间产品。

4. 产成品

产成品是指企业已经完成全部生产过程并已验收入库，可以按照合同规定的条件送交订货单位，或者可以作为商品对外销售的产品。企业接受来料加工制造的代制品和为外单位加工修理的代修品，制造和修理完成验收入库后，应视同企业的产成品。

5. 库存商品

库存商品是指企业完成全部生产过程并已验收入库、合乎标准规格和技术条件，可以按照合同规定的条件送交订货单位，或可以作为商品对外销售的产品以及外购或委托加工完成验收入库用于销售的各种商品。

库存商品具体包括库存产成品、外购商品、存放在门市部准备出售的商品、发出展览的商品、寄存在外的商品、接受来料加工制造的代制品和为外单位加工修理的代修品等。

6. 包装物

包装物是指为了包装本企业的商品而储备的各种包装容器，如桶、箱、瓶、坛、袋等。具体包括：

（1）生产过程中用于包装产品，并作为产品组成部分的包装物。

（2）随同商品出售而不单独计价的包装物。

（3）随同商品出售，但需单独计价的包装物。

（4）出租或出借给购买单位使用的包装物。

7. 低值易耗品

低值易耗品是指不能作为固定资产核算的各种用具物品，如工具、管理用具、玻璃器皿、劳动保护用品以及在经营过程中周转使用的容器等。其特点是单位价值较低，或使用期限相对于固定资产较短，在使用过程中保持其原有实物形态基本不变。

8. 委托代销商品

委托代销商品是指企业委托其他单位代销的商品。

（二）存货的确认条件

存货同时满足下列条件的，才能予以确认：

1. 与该存货有关的经济利益很可能流入企业

企业在确认存货时，需要判断与该项存货相关的经济利益是否很可能流入企业。在实务中，主要通过判断与该项存货所有权相关的风险和报酬是否转移到了企业来确定。其中，与存货所有权相关的风险，是指由于经营情况发生变化造成的相关收益的变动，以及由于存货滞销、毁损等原因造成的损失；与存货所有权相关的报酬，是指在处置该项存货或其经过进一步加工取得的其他存货时获得的收入，以及处置该项存货实现的利润等。

通常情况下，取得存货的所有权是与存货相关的经济利益很可能流入本企业的一个重要标志。例如，根据销售合同已经售出（取得现金或收取现金的权利）的存货，其所有权已经转移，与其相关的经济利益已不能再流入本企业，此时，即使该项存货尚未运离本企业，也不能再确认为本企业的存货。又如，委托代销商品，由于其所有权并未转移至受托方，因而委托代销的商品仍应当确认为委托企业存货的一部分。总之，企业在判断与存货相关的经济利益能否流入企业时，主要结合该项存货所有权的归属情况进行分析确定。

2. 该存货的成本能够可靠地计量

作为企业资产的组成部分，要确认存货，企业必须能够对其成本进行可靠地计量。存货的成本能够可靠地计量必须以取得确凿、可靠的证据为依据，并且具有可验证性。如果存货成本不能可靠地计量，则不能确认为存货。例如，企业承诺的订货合同，由于并未实际发生，不能可靠确定其成本，因此相应的商品就不能确认为购买企业的存货。又如，企业预计发生的制造费用，由于并未实际发生，不能可靠地确定其成本，因此不能计入产品成本。

（三）存货的成本核算

1. 存货应当按照成本进行初始计量

存货成本包括采购成本、加工成本和其他成本。

（1）存货的采购成本，包括购买价款、相关税费、运输费、装卸费、保险费以及其他可归属于存货采购成本的费用。

其中，存货的购买价款是指企业购入的材料或商品的发票账单上列明的价款，但不包括按照规定可以抵扣的增值税进项税额。存货的相关税费是指企业购买存货发生的进口关税、消费税、资源税和不能抵扣的增值税进项税额以及相应的教育费附加等应计入存货采购成本的税费。其他可归属于存货采购成本的费用是指采购成本中除上述各项以外的可归属于存货采购的费用，如在存货采购过程中发生的仓储费、包装费、运输途中的合理损耗、入库前的挑选整理费用等。运输途中的合理损耗，是指商品在运输过程中，因商品性质、自然条件及技术设备等因素，所发生的自然的或不可避免的损耗。例如，汽车在运输煤炭、化肥等的过程中的自然散落以及易挥发产品在运输过程中的自然挥发。

商品流通企业在采购商品过程中发生的运输费、装卸费、保险费以及其他可归属于存货采购成本的费用等进货费用，应当计入存货采购成本，也可以先进行归集，期末根据所购商品的存销情况进行分摊。对于已售商品的进货费用，计入当期损益；对于未售商品的进货费用，计入期末存货成本。企业采购商品的进货费用金额较小的，可以在发生时直接计入当期损益。

（2）存货的加工成本，是指在存货的加工过程中发生的追加费用，包括直接人工以及按照一定方法分配的制造费用。直接人工是指企业在生产产品和提供劳务过程中发生的直接从事产品生产和劳务提供人员的职工薪酬。制造费用是指企业为生产产品和提供劳务而发生的各项间接费用。

（3）存货的其他成本，是指除采购成本、加工成本以外的，使存货达到目前场所和状态所发生的其他支出。企业设计产品发生的设计费用通常应计入当期损益，但是为特定客户设计产品所发生的、可直接确定的设计费用应计入存货的成本。

2. 存货的来源不同，其成本的构成也不同

原材料、商品、低值易耗品等通过购买而取得的存货的成本由采购成本构成；产成品、在产品、半成品等自制或需委托外单位加工完成的存货的成本由采购成本、加工成本以及使存货达到目前场所和状态所发生的其他支出构成。

实务中具体按以下原则确定：

（1）购入的存货，其成本包括买价、运杂费（包括运输费、装卸费、保险费、包装费、仓储费等）、运输途中的合理损耗、入库前的挑选整理费用（包括挑选整理中发生的人工、费用支出和挑选整理过程中所发生的数量损耗，并扣除回收的下脚废料价值）以及按规定应计入存货成本的税费和其他费用。

（2）自制的存货，包括自制原材料、自制包装物、自制低值易耗品、自制半成品及库存商品等，其成本包括直接材料、直接人工和制造费用等的各项实际支出。

（3）委托外单位加工完成的存货，包括加工后的原材料、包装物、低值易耗品、半成品、产成品等，其成本包括实际耗用的原材料或者半成品、加工费、装卸费、保险费、委托加工的往返运输费等费用以及按规定应计入存货成本的税费。

3. 下列费用不应计入存货成本，而应在其发生时计入当期损益

（1）非正常消耗的直接材料、直接人工和制造费用，应在发生时计入当期损益，不应计入存货成本。比如，由于自然灾害而发生的直接材料、直接人工和制造费用，由于这些费用的发生无助于使该存货达到目前场所和状态，不应计入存货成本，而应确认为当期损益。

（2）仓储费用指企业在存货采购入库后发生的储存费用，应在发生时计入当期损益。但是，在生产过程中为运到下一个生产阶段所必需的仓储费用应计入存货成本。比如，某种酒类产品生产企业为使生产的酒达到规定的产品质量标准而必须发生的仓储费用，应计入酒的成本，而不应计入当期损益。

（3）不能归属于使存货达到目前场所和状态的其他支出，应在发生时计入当期损益，不应计入存货成本。

二、存货计价方法

企业应当根据各类存货的实物流转方式、企业管理的要求、存货的性质等实际情况，合理地确定发出存货的成本计算方法，以及当期发出存货的成本。对于性质和用途相同的存货，应当采用相同的成本计算方法确定发出存货的成本。

在实务中，企业发出的存货可以按实际成本核算，也可以按计划成本核算。如采用计划成本核算，会计期末应调整为实际成本。如采用实际成本核算方式，企业可以采用的发出存货成本的计价方法包括个别计价法、先进先出法和加权平均法等。

【任务实施】

（1）完成实习会计基础与认知（CMAC 一级）配套章节练习。

（2）完成实习会计基础与认知（CMAC 一级）平台任务（参考 CMAC 试题操作指南）。

任务二　掌握个别计价法

【任务描述】
（1）了解个别计价法的概念；
（2）熟悉个别计价法的优缺点；
（3）掌握个别计价法下的成本核算。

【知识储备】

一、个别计价法的概念

个别计价法，亦称个别认定法、具体辨认法、分批实际法，采用这一方法是假设存货具体项目的实物流转与成本流转相一致，按照各种存货，逐一辨认各批发出存货和期末存货所属的购进批别或生产批别，分别按其购入或生产时所确定的单位成本计算各批发出存货和期末存货成本的方法。在这种方法下，把每一种存货的实际成本作为计算发出存货成本和期末存货成本的基础。

二、个别计价法的优缺点

用个别计价法计算的成本准确、符合实际情况，但在存货收发频繁的情况下，其发出成本分辨的工作量较大。因此，这种方法通常适用于一般不能替代使用的存货、为特定项目专门购入或制造的存货以及提供的劳务，如珠宝、名画等贵重物品。

个别计价法的优点是计算发出存货的成本和期末存货的成本比较合理、准确，符合实际情况。

个别计价法的缺点是实务操作的工作量繁重，困难较大；只适用于容易识别、存货品种数量不多、单位成本较高的存货计价。

三、成本计算

采用个别计价法计算成本的公式：

发出存货的实际成本 = Σ 各批（次）存货发出数量 × 该批次存货实际进货单价

【例 3-1】 甲公司 2018 年 5 月 D 商品的收入、发出及购进单位成本见表 3-1。

表 3-1　D 商品购销明细账

金额单位：元

日期		摘要	收入			发出			结存		
月	日		数量	单价	金额	数量	单价	金额	数量	单价	金额
05	01	期初余额							150	10	1 500
05	05	购入	100	12	1 200						
05	11	销售				200			50		
05	16	购入	200	14	2 800				250		
05	20	销售				100			150		
05	23	购入	100	15	1 500				250		
05	27	销售				100			150		
05	31	本期合计	400	—	5 500	400	—		150		

假设经过具体辨认，本期发出存货的单位成本如下：5 月 11 日发出的 200 件存货中，100 件系期初结存存货，单位成本为 10 元，另外 100 件为 5 月 5 日购入存货，单位成本为 12 元；5 月 20 日发出的 100 件存货系 5 月 16 日购入，单位成本为 14 元；5 月 27 日发出的 100 件存货中，50 件为期初结存，单位成本为 10 元，50 件为 5 月 23 日购入，单位成本为 15 元。按照个别认定法，甲公司 5 月 D 商品收入、发出与结存情况见表 3-2。

表 3-2　D 商品购销明细账（个别计价法）

金额单位：元

日期		摘要	收入			发出			结存		
月	日		数量	单价	金额	数量	单价	金额	数量	单价	金额
05	01	期初余额							150	10	1 500
05	05	购入	100	12	1 200				150 100	10 12	1 500 1 200
05	11	销售				100 100	10 12	1 000 1 200	50	10	500

（续）

日期		摘要	收入			发出			结存		
月	日		数量	单价	金额	数量	单价	金额	数量	单价	金额
05	16	购入	200	14	2 800				50 200	10 14	500 2 800
05	20	销售				100	14	1 400	50 100	10 14	500 1 400
05	23	购入	100	15	1 500				50 100 100	10 14 15	500 1 400 1 500
05	27	销售				50 50	10 15	500 750	100 50	14 15	1 400 750
05	31	本期合计	400	–	5 500	400	–	4 850	100 50	14 15	1 400 750

从表 3-2 中可知，甲公司本期发出存货成本及期末结存存货成本如下：

本期发出存货成本 =（100×10+100×12）+（100×14）+（50×10+50×15）
　　　　　　　　=4 850（元）

期末结存存货成本 =100×14+50×15=2 150（元）

或：

期末结存存货成本 = 期初结存存货成本 + 本期收入存货成本 – 本期发出存货成本
　　　　　　　　=150×10 +（100×12+200×14+100×15）– 4 850
　　　　　　　　=1 500+5 500–4 850=2 150（元）

即，甲公司采用个别计价法得出的本期发出存货成本和期末结存存货成本分别是 4 850 元和 2 150 元。

【任务实施】

（1）完成实习会计基础与认知（CMAC 一级）配套章节练习。

（2）完成实习会计基础与认知（CMAC 一级）平台任务（参考 CMAC 试题操作指南）。

任务三　掌握先进先出法

【任务描述】
（1）了解先进先出法的概念；
（2）熟悉先进先出法的优缺点；
（3）掌握先进先出法下的成本计算。

【知识储备】

一、先进先出法的概念

先进先出法是指以先购入的存货应先发出（即用于销售或耗用）的存货实物流转假设为前提，对发出存货进行计价的一种方法。采用这种方法，先购入的存货成本在后购入的存货成本之前转出，据此确定发出存货和期末存货的成本。

具体方法是，收入存货时，逐笔登记收入存货的数量、单价和金额；发出存货时，按照先进先出的原则逐笔登记存货的发出成本和结存金额。

先进先出法可以随时结转存货发出成本，但较繁琐。如果存货收发业务较多，且存货单价不稳定，则其工作量较大。在物价持续上升时，期末存货成本接近于市价，而发出成本偏低，会高估企业当期利润和存货价值；反之，在物价持续下降时，会低估企业的当期利润和存货价值。

二、先进先出法的运用和注意事项

先进先出法是指根据先购进的存货先发出的成本流转假设对存货的发出和结存进行计价的方法。以先进先出法计价的库存的商品存货则是最后购进的商品存货。市场经济环境下，各种商品的价格总是有所波动的，在物价上涨过快的前提下，先购进的存货其成本相对较低，而后购进的存货成本偏高。这样发出存货的价值就低于市场价值，产品销售成本偏低，而期末存货成本偏高。但因商品的售价是按近期市价计算，因而收入较多，销售收入和销售成本不符合配比原则，以此计算出来的利润就偏高，造成虚增利润，实质为"存货利润"。

因为虚增了利润，就会加重企业的所得税负担，增加给投资人的分红，从而增大企业的现金流出量。但是从筹资角度来看，较多的利润、较高的存货价值、较高的流动比率意味着企业财务状况良好，这对博取社会公众对企业的信任、增强投资人的信心有重要意义，而且利润的大小往往是评价一个企业负责人业绩的重要标尺。不少企业按利润水平的高低来评价企业管理人员的业绩，并根据评价结果来奖励管理人员。此时，管理人员往往乐于采用先进先出法，因为，这样做会高估任职期间的利润水平，从而多得眼前利益。

采用先进先出法时，期末材料按照最接近的单位成本计算，比较接近目前的市场价格，因此资产负债表可以较为真实地反映财务状况。但是由于本期发出材料成本是按照较早购入材料的成本进行计算的，所以计入产品成本的直接材料费用可能被低估，等到这些产品销售出去就会使利润表的反映不够真实。

根据谨慎性原则的要求，先进先出法适用于市场价格普遍处于下降趋势的商品。因为采用先进先出法，期末存货余额按最后的进价计算，使期末存货的价格接近于当时的价格，真实地反映了企业期末资产状况。期末存货的账面价格反映的是最后购进的较低的价格，对于市场价格处于下降趋势的产品，符合谨慎性原则的要求，能抵御物价下降的影响，减少企业经营的风险，消除潜亏隐患，从而避免由于存货资金不实而虚增企业账面资产。这时如果采用后进先出法，在库存物资保持一定余额的情况下，账面的存货计价永远是最初购进的高价，这就会造成存货成本流转与实物流转的不一致。

三、先进先出法的优缺点

先进先出法的优点是使企业不能随意挑选存货计价以调整当期利润，缺点是工作比较烦琐，特别对于存货进出频繁的企业更是如此。而且当物价上涨时，会高估企业当期利润和库存存货价值；反之，当物价下降时，会低估企业存货价值和当期利润。

先进先出法的缺点是，在通货膨胀的情况下，先进先出法会虚增利润，增加企业的税收负担，不利于企业的资本保全。而且，先进先出法对发出的材料要逐笔进行计价并登记明细账的发出与结存，核算手续比较烦琐。

四、成本计算

【例 3-2】

承例 3-1,假设甲公司 D 商品本期收入、发出和结存情况见表 3-3。从该表可以看出存货成本的计价顺序,如 5 月 11 日发出的 200 件存货,按先进先出法的流转顺序,应先发出期初库存存货 1 500 元(150×10),然后再发出 5 月 5 日购入的 50 件,即 600 元(50×12),其他以此类推。从表 3-3 中看出,使用先进先出法得出的发出存货成本和期末存货成本分别为 4 800 元和 2 200 元。

表 3-3　D 商品购销明细账(先进先出法)

金额单位:元

日期		摘要	收入			发出			结存		
月	日		数量	单价	金额	数量	单价	金额	数量	单价	金额
05	01	期初余额							150	10	1 500
05	05	购入	100	12	1 200				150 100	10 12	1 500 1 200
05	11	销售				150 50	10 12	1 500 600	50	12	600
05	16	购入	200	14	2 800				50 200	12 14	600 2 800
05	20	销售				50 50	12 14	600 700	150	14	2 100
05	23	购入	100	15	1 500				150 100	14 15	2 100 1 500
05	27	销售				100	14	1 400	50 100	14 15	700 1 500
05	31	本期合计	400	–	5 500	400	–	4 800	50 100	14 15	700 1 500

甲公司日常账面记录显示,D 商品期初结存存货为 1 500 元(150×10),本期购入存货三批,按先后顺序分别为:1 200 元(100×12)、2 800 元(200×14)、1 500 元(100×15)。假设经过盘点,发现期末库存 150 件,则本期发出存货为 400 件。

本期发出存货成本 =(150×10+50×12)+(50×12+50×14)+(100×14)
　　　　　　　　=4 800(元)

期末结存存货成本 = 50×14+100×15=2 200(元)

或:

期末结存存货成本 = 期初结存存货成本 + 本期收入存货成本 − 本期发出存货成本
$= 150 \times 10 + (100 \times 12 + 200 \times 14 + 100 \times 15) - 4\,800$
$= 1\,500 + 5\,500 - 4\,800 = 2\,200$（元）

【任务实施】

（1）完成实习会计基础与认知（CMAC 一级）配套章节练习。

（2）完成实习会计基础与认知（CMAC 一级）平台任务（参考 CMAC 试题操作指南）。

任务四　掌握加权平均法

【任务描述】

（1）了解加权平均法的概念；
（2）熟悉加权平均法的优缺点；
（3）掌握加权平均法下的成本计算。

【知识储备】

一、加权平均法的概念

加权平均法，是利用过去若干个按照时间顺序排列起来的同一变量的观测值并以时间顺序数为权数，计算出观测值的加权算术平均数，以这一数字作为未来期间该变量预测值的一种趋势预测法。

加权平均法可根据本期期初结存存货的数量和金额与本期存入存货的数量和金额，在期末以此计算本期存货的加权平均单价，作为本期发出存货和期末结存存货的价格，一次性计算本期发出存货的实际成本。

加权平均法包含月末一次加权平均法和移动加权平均法。

（一）月末一次加权平均法的概念

月末一次加权平均法是指以本月全部进货数量加上月初存货数量作为权数，去除本月全部进货成本加上月初存货成本，计算出存货的加权平均单位成本，以此为基础计算本月发出存货的成本和期末结存存货的成本的一种方法。计算公式如下：

存货单位成本 = [月初结存存货成本 + ∑（本月各批进货的实际单位成本 × 本月各批进货的数量）] ÷（月初库存存货的数量 + 本月各批进货数量之和）

本月发出存货的成本 = 本月发出存货的数量 × 存货单位成本

本月月末库存存货成本 = 月末库存存货的数量 × 存货单位成本

或：

本月月末库存存货成本 = 月初库存存货的实际成本 + 本月收入存货的实际成本 − 本月发出存货的实际成本

（二）移动加权平均法的概念

移动加权平均法是指以每次进货的成本加上原有结存存货的成本的合计额，除以每次进货数量加上原有结存存货的数量的合计数，据以计算加权平均单位成本，作为在下次进货前计算各次发出存货成本依据的一种方法。计算公式如下：

存货单位成本 =（原有结存存货成本 + 本次进货的成本）÷（原有结存存货数量 + 本次进货数量）

本月发出存货成本 = 本月发出存货的数量 × 本次发货前存货的单位成本

本月月末结存存货成本 = 月末结存存货的数量 × 本月月末存货单位成本

或：

本月月末结存存货成本 = 月初结存存货成本 + 本月收入存货成本 − 本月发出存货成本

二、加权平均法的优缺点

（一）月末一次加权平均法的优缺点

月末一次加权平均法适用于前后进价相差幅度不大且月末定期计算和结转销售成本的商品。

月末一次加权平均法的优点是，只在月后一次计算加权平均单价，比较简单，而且在市场价格上涨或下跌时所计算出来的单位成本平均化,对存货成本的分摊较为折中。

该方法的缺点是,不利于及时核算。在物价变动幅度较大的情况下,按加权平均单价计算的期末存货价值与现行成本有较大的差异,适用于物价变动幅度不大的情况。这种方法平时无法从账上获知发出和结存存货的单价及金额,不利于加强对存货的管理。为解决这一问题,可以采用移动加权平均法或按上月月末计算的平均单位成本计算。

(二)移动加权平均法的优缺点

采用移动加权平均法的优点是,能够使企业管理层及时了解存货的结存情况,计算的平均单位成本以及发出和结存的存货成本比较客观。其缺点是,由于每次收货都要计算一次平均单位成本,计算工作量较大,对收发货较频繁的企业不太适用。

三、成本计算

(一)月末一次加权平均法下的成本计算

【例 3-3】

承例 3-1,假设甲公司采用月末一次加权平均法核算存货,根据表 3-1,5 月 D 商品的平均单位成本计算如下:

5 月 D 商品的平均单位成本 =(月初结存存货成本 + 本月收入存货成本之和)÷
　　　　　　　　　　　　　(月初结存存货数量 + 本月收入存货数量之和)
　　　　　　　　　　　 =(150×10 + 100×12 + 200×14 + 100×15)÷
　　　　　　　　　　　　　(150+100+200+100)≈ 12.727(元)

则 5 月 D 商品的发出成本与期末结存成本分别为:

5 月 D 商品的发出成本 = 400×12.727 = 5 090.80(元)

5 月 D 商品的期末结存成本 = 月初结存存货成本 + 本月收入存货成本 − 本月发
　　　　　　　　　　　　　出存货成本 =[150×10 +(100×12 + 200×14 +
　　　　　　　　　　　　　100×15)]−5 090.8 = 7 000 − 5 090.80 = 1 909.20(元)

则 5 月 D 商品本期收入、发出和结存情况见表 3-4。

从表 3-4 中可以看出,采用月末一次加权平均法,D 商品的平均单位成本从期初的 10 元变为期末的 12.727 元;采用月末一次加权平均法得出的本期发出存货成本和期末结存存货成本分别为 5 090.80 元和 1 909.20 元。

表 3-4　D 商品购销明细账（月末一次加权平均法）

金额单位：元

日期		摘要	收入			发出			结存		
月	日		数量	单价	金额	数量	单价	金额	数量	单价	金额
05	01	期初余额							150	10	1 500
05	05	购入	100	12	1 200				250	—	2 700
05	11	销售				200	—		50		
05	16	购入	200	14	2 800				250		5 500
05	20	销售				100			150		
05	23	购入	100	15	1 500				250		7 000
05	27	销售				100	—	—	150		—
05	31	本期合计	400	—	5 500	400	12.727	5 090.8	150	12.728	1 909.20

（二）移动加权平均法下的成本计算

【例 3-4】

承例 3-1，假设甲公司采用移动加权平均法核算存货，根据表 3-1，5 月 D 商品各平均单位成本计算如下：

5 月 5 日购入存货后的平均单位成本 =（150×10+100×12）÷（150+100）=10.80（元）

5 月 16 日购入存货后的平均单位成本 =（50×10.80+200×14）÷（50+200）

=13.36（元）

5 月 23 日购入存货后的平均单位成本 =（150×13.36+100×15）÷（150+100）

=14.016（元）

本次发出存货成本 = 本次发出存货数量 × 本次发货前存货的单位成本

5 月 11 日销售存货的成本 =200×10.80=2 160（元）

5 月 20 日销售存货的成本 =100×13.36=1 336（元）

5 月 27 日销售存货的成本 =100×14.016=1 401.60（元）

本月月末库存存货成本 = 月末库存存货的数量 × 本月月末存货单位成本

=150×14.016=2 102.40（元）

或：

本月月末结存存货成本 = 月末结存存货成本 + 本月收入存货成本 − 本月发出存货成本 =150×10+[（100×12）+（200×14）+（100×15）]−[（200×10.80）+（100×13.36）+（100×14.016）]=1 500+（1 200+2 800+1 500）−（2 160+1 336+1 401.6）=1 500+5

500−4 897.60=2 102.40（元），则 5 月 D 商品本期收入、发出和结存情况见表 3-5。

表 3-5　D 商品购销明细账（移动加权平均法）

金额单位：元

日期		摘要	收入			发出			结存		
月	日		数量	单价	金额	数量	单价	金额	数量	单价	金额
05	01	期初余额							150	10	1 500
05	05	购入	100	12	1 200				250	10.80	2 700
05	11	销售				200	10.80	2 160	50	10.80	540
05	16	购入	200	14	2 800				250	13.36	3 340
05	20	销售				100	13.36	1 336	150	13.36	2 004
05	23	购入	100	15	1 500				250	14.016	3 504
05	27	销售				100	14.016	1 401.60	150	14.016	2 102.40
05	31	本期合计	400	—	5 500	400	—	4 897.60	150	14.016	2 102.40

【任务实施】

（1）完成实习会计基础与认知（CMAC 一级）配套章节练习。

（2）完成实习会计基础与认知（CMAC 一级）平台任务（参考 CMAC 试题操作指南）。

【知识拓展】

实际成本法和计划成本法

一、实际成本核算法

（1）对材料采用实际成本核算时，材料的收发及结存，无论总分类核算还是明细分类核算，均按照实际成本计价。

（2）使用的会计科目有"原材料""在途物资"等，"原材料"科目的借方、贷方及余额均以实际成本计价，需要采用选定的方法对发出材料的实际成本进行计算，但不存在成本差异的计算与结转问题。

（3）若采用实际成本核算，日常反映不出材料成本是节约还是超支，从而不能反映和考核物资采购业务的经营成果。因此这种方法通常适用于材料收发业务较少的企业。

二、计划成本核算法

（1）对材料采用计划成本核算时，材料的收发及结存，无论总分类核算还是明细分类核算，均按照计划成本计价。

（2）使用的会计科目有"原材料""材料采购""材料成本差异"等。材料实际成本与计划成本的差异，通过"材料成本差异"科目核算。月末，计算本月发出材料应负担的成本差异并进行分摊，根据领用材料的用途计入相关资产的成本或者当期损益，从而将发出材料的计划成本调整为实际成本。

（3）若采用计划成本核算，日常核算比较简单，可以反映材料成本是节约还是超支，从而反映和考核物资采购业务的经营成果，但期末需要进行成本差异的计算与结转。适用于材料收发业务较多并且计划成本资料较为健全、准确的企业。

项目四

账务处理程序

任务一　学习记账凭证账务处理程序

【任务描述】
（1）了解账务处理程序的概念；
（2）熟悉账务处理的基本程序；
（3）了解记账凭证账务处理程序；
（4）应用举例。

【知识储备】

一、账务处理程序的概念

账务处理程序又称会计核算组织形式，是指在会计核算中，账簿组织、记账程序和会计报表有机结合的形式。将不同种类、格式的账簿处理、记账程序和记账方法互相结合在一起，就构成了不同的账务处理程序。

➤ 提示

账簿组织——反映账簿的种类、格式和各种账簿之间的相互关系。

记账程序——凭证的审核、整理、传递，账簿的登记，以及根根据各种账簿编制会计报表的程序。

记账方法——按照账簿组织和记账程序的要求所采用的专门会计技术处理方法。

二、账务处理的基本程序

一般账务处理程序是通过填制会计凭证、登记会计账簿，对交易事项进行归类、加工整理、综合汇总，形成系统、分类的账簿核算资料；通过编制会计报表，将日常核算的账簿资料按照预先确定的指标体系汇总，提供满足会计信息使用者需要的会计信息。

在各种账务处理程序中，填制会计凭证、登记会计账簿、编制会计报表又是账务处理程序中的三个基本环节。

账务处理的基本程序如图 4-1 所示。

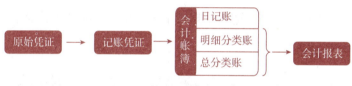

图 4-1　账务处理基本程序

账务处理程序基本过程：

（1）取得并审核原始凭证，并据以填制记账凭证。

（2）根据审核无误的记账凭证及原始凭证或原始凭证汇总表登记相关日记账、明细分类账和总分类账。

（3）定期核对总分类账与其所属明细分类账，以保证会计数据的正确性。

（4）月末根据交易事项发生情况调整应计账项并计算成本和损益。

（5）月末将本期所有交易或事项处理完毕，结账并编制会计报表。

三、记账凭证账务处理程序

（一）核算要求

记账凭证账务处理程序，是一种直接根据记账凭证逐笔登记总分类账的账务处理程序。

在记账凭证账务处理程序下，记账凭证一般采用收款凭证、付款凭证、转账凭证三种格式，也可采用通用格式的记账凭证（即通用凭证）。会计账簿一般需要设置日记账、明细分类账和总分类账。

（二）优缺点和适用范围

1. 优点

会计凭证和账簿格式及账务处理程序简单明了，易于理解，便于掌握。因为总分类账是直接根据各种记账凭证逐笔登记的，所以总分类账能比较详细和具体地反映各项交易或事项的来龙去脉，便于查账。

2. 缺点

由于要根据记账凭证逐笔登记总分类账，如果企业交易事项发生频繁，登记总账的工作量将会很大。记账凭证核算程序特别适宜计算机处理，因为利用计算机可以提高效率，弥补工作量大的缺点。

3. 适用范围

记账凭证账务处理程序一般适用于规模不大，交易事项又比较简单的单位。

（三）具体工作步骤

（1）根据原始凭证或原始凭证汇总表，填制收款凭证、付款凭证和转账凭证。

（2）根据审核无误的收款凭证和付款凭证及所附原始凭证，逐笔序时登记现金日记账和银行存款日记账。

（3）根据审核无误的记账凭证和原始凭证或原始凭证汇总表，逐笔登记明细分类账。

（4）根据审核无误的收款凭证、付款凭证和转账凭证逐笔登记总分类账。

（5）按照对账的要求，定期将总分类账与日记账、明细分类账相核对。

（6）期末，根据总分类账和明细分类账的有关资料，编制会计报表。

上述记账凭证账务处理程序的工作步骤，如图4-2所示。

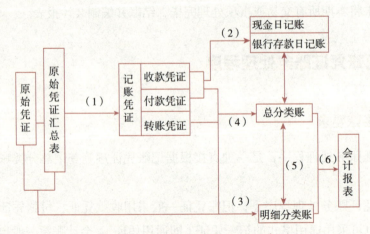

图 4-2　记账凭证账务处理程序

四、应用举例

现举例说明记账凭证账务处理程序。

【例 4-1】

1. 大宇公司 2018 年 7 月份总分类账户期初余额表见表 4-1。

表 4-1 总分类账户期初余额表

金额单位：元

账户名称	借方	贷方
库存现金	1 200	
银行存款	150 000	
其他应收款	3 000	
原材料	89 800	
库存商品	48 000	
固定资产	715 000	
累计折旧		255 000
应付账款		11 700
短期借款		260 000
应交税费		5 300
实收资本		400 000
资本公积		15 000
盈余公积		50 000
利润分配		10 000
合　　计	1 007 000	100 700

2. 该公司 7 月份发生如下交易事项：

1 日，收到某投资方投入资本 120 000 元存入银行。

2 日，从星光工厂购入 A 材料 2 000 千克，买价 15 400 元，增值税 2 464 元，运杂费 600 元，款项用银行存款支付，材料已验收入库。

2 日，生产甲产品领用 A 材料 5 000 千克，单价 8 元，B 材料 2 000 千克，单价 5 元。

4 日，采购员小王出差回来，报销差旅费 200 元，退回余款 100 元（原借款 300 元）。

5 日，从银行提取现金 80 000 元，准备发放工资。

5 日，用现金发放工资 80 000 元。

9 日，用银行存款归还短期借款 50 000 元。

10日，用银行存款缴纳城市维护建设税2 540元，教育费附加918元。

13日，销售给新民工厂甲产品200件，单价300元，增值税9 600元，款项已收存银行。

12日，用银行存款归还前欠宏达工厂购料款11 700元。

15日，用银行存款支付产品广告费1 000元。

18日，用现金支付办公用品费700元，其中生产车间200元，管理部门500元。

20日，生产甲产品领用A材料2 000千克，单价8元；车间领用B材料50千克，单价5元；管理部门领用C材料100千克，单价2元。

25日，用银行存款支付本月水电费30 000元，其中生产车间28 000元，管理部门2000元。

27日，销售给星星工厂甲产品600件，单位售价300元，增值税28 800元，款项已收存银行。

31日，结转为本月应付职工工资80 000元，其中生产甲产品的工人工资为50 000元，车间管理人员的工资为10 000元，企业管理人员的工资为20 000元。

31日，按上级规定提取职工福利费11 200元，其中生产甲产品工人的福利费为7 000元，车间管理人员的福利费为1 400元，企业管理人员的福利费为2 800元。

31日，计提本月固定资产折旧33 200元，其中生产车间25 000元，管理部门8 200元。

31日，本月应付短期借款利息1 000元。

31日，结转本月制造费用64 850元。

31日，本月生产的甲产品750件全部完工，结转生产成本187 850元。

31日，结转本月销售800件甲产品的成本191 840元。

31日，本月销售甲产品计算应交的城市维护建设税4 700元，教育费附加1 320元。

31日，结转本月主营业务收入240 000元。

31日，将本月主营业务成本191 840元，税金及附加6 020元，销售费用1 000元，管理费用33 900元，财务费用1 000元结转至"本年利润"账户。

3. 会计核算：

（1）根据以上交易、事项填制记账凭证，见表4-2~表4-6。

表4-2　收款凭证

借方科目：库存现金　　　　　　　　　　　　　　　　　　　　金额单位：元

2018年		凭证号数	摘要	贷方科目	明细科目	金额
月	日					
07	04	现收1	报销退余款	其他应收款	小王	100

表4-3　收款凭证

借方科目：银行存款　　　　　　　　　　　　　　　　　　　　　金额单位：元

2018年		凭证号数	摘要	贷方科目	明细科目	金额
月	日					
07	01	银收1	某投资方投入资本	实收资本	国家资本	120 000
07	13	银收2	甲产品销售收入	主营业务收入 应交税费	甲产品 应交增值税 （销项税额）	60 000 9 600
07	27	银收3	甲产品销售收入	主营业务收入 应交税费	甲产品 应交增值税 （销项税额）	180 000 28 800

表4-4　付款凭证

贷方科目：库存现金　　　　　　　　　　　　　　　　　　　　　金额单位：元

2018年		凭证号数	摘要	借方科目	明细科目	金额
月	日					
07	05	现付1	发放工资	应付职工薪酬		80 000
07	18	现付2	支付办公费	制造费用 管理费用		200 500

表4-5　付款凭证

贷方科目：银行存款　　　　　　　　　　　　　　　　　　　　　金额单位：元

2018年		凭证号数	摘要	借方科目	明细科目	金额
月	日					
07	02	银付1	支付购料款	在途物资 应交税费	A材料 应交增值税 （进项税额）	16 000 2 464
07	05	银付2	提取现金	库存现金		80 000
07	09	银付3	归还短期借款	短期借款		50 000
07	10	银付4	缴纳税金及 教育费附加	应交税费	应交城建税 应交教育费 附加	2 540 918
07	12	银付5	归还前欠购料款	应付账款	宏达工厂	11 700
07	15	银付6	支付产品广告费	销售费用		1 000
07	25	银付7	支付水电费	制造费用 管理费用		28 000 2 000

表 4-6 转账凭证

金额单位：元

2018年		凭证号数	摘要	一级科目	明细科目	借方金额	贷方金额
月	日						
07	02	转 1	购买材料入库	原材料 在途物资	A 材料 A 材料	16 000	16 000
07	02	转 2	生产领料	生产成本 原材料 原材料	甲产品 A 材料 B 材料	50 000	40 000 10 000
07	04	转 3	报销差旅费	管理费用 其他应收款	小王	200	200
07	20	转 4	生产领用材料	生产成本 制造费用 管理费用 原材料 原材料 原材料	甲产品 A 材料 B 材料 C 材料	16 000 250 200	16 000 250 200
07	31	转 5	分配工资费用	生产成本 制造费用 管理费用 应付职工薪酬	甲产品	50 000 10 000 20 000	80 000
07	31	转 6	提取福利费	生产成本 制造费用 管理费用 应付职工薪酬	甲产品	7 000 1 400 2 800	11 200
07	31	转 7	计提折旧费	制造费用 管理费用 累计折旧		25 000 8 200	33 200
07	31	转 8	应付借款利息	财务费用 应付利息		1 000	1 000
07	31	转 9	结转制造费用	生产成本 制造费用	甲产品	64 850	64 850
07	31	转 10	结转产品成本	库存商品 生产成本	甲产品 甲产品	187 850	187 850
07	31	转 11	结转销售成本	主营业务成本 库存商品	甲产品 甲产品	191 840	191 840
07	31	转 12	计算应交 税金及附加	税金及附加 应交税费	应交城建税 应交教育费 附加	6 020	4 700 1 320
07	31	转 13	结转损益类收入 账户余额	主营业务收入 本年利润	甲产品	240 000	240 000

（续）

2018年		凭证号数	摘要	一级科目	明细科目	借方金额	贷方金额
月	日						
07	31	转14	结转损益类成本费用账户余额	本年利润 主营业务成本 税金及附加 销售费用 管理费用 财务费用	甲产品	233 760	191 840 6 020 1 000 33 900 1 000

（2）根据收款凭证和付款凭证，登记现金日记账和银行存款日记账，见表4-7和表4-8。

表4-7 现金日记账

金额单位：元

2018年		凭证号数	摘要	对方科目	借方	贷方	借或贷	余额
月	日							
07	01		期初余额				借	1 200
07	04	现收1	报销退余款	其他应收款	100		借	1 300
07	05	银付1	提取现金	银行存款	80 000		借	81 300
07	05	现付1	发放工资	应付职工薪酬		80 000	借	1 300
07	18	现付2	支付办公费	管理费用等		700	借	600
			本月合计		80 100	80 700	借	600

表4-8 银行存款日记账

金额单位：元

2018年		凭证号数	摘要	对方科目	借方	贷方	借或贷	余额
月	日							
07	01		期初余额				借	150 000
07	01	银收1	企业投资	实收资本	120 000		借	270 000
07	02	银付1	支付购料款	在途物资		18 464	借	251 536
07	05	银付2	提取现金	库存现金		80 000	借	171 536
07	09	银付3	归还借款	短期借款		50 000	借	121 536
07	10	银付4	支付上月税费款	应交税费		3 458	借	118 078
07	12	银付5	偿还购料款	应付账款		11 700	借	106 378
07	13	银收2	销售收入	主营业务收入	69 600		借	175 978

（续）

2018年		凭证号数	摘要	对方科目	借方	贷方	借或贷	余额
月	日							
07	15	银付6	支付广告费	销售费用		1 000	借	174 978
07	25	银付7	支付水电费	制造费用		30 000	借	144 978
07	27	银收3	销售收入	主营业务收入	208 800		借	353 778
			本月合计		398 400	194 622	借	353 778

（3）根据原始凭证和记账凭证登记明细分类账（只登记原材料、应付账款明细分类账，其他从略），见表4-9~表4-12。

表4-9 原材料明细分类账

类别：A材料　　　　品名：　　　　规格：（略）　　　　金额单位：元

2018年		凭证号数	摘要	收入			发出			结存		
月	日			数量/千克	单价	金额	数量/千克	单价	金额	数量/千克	单价	金额
07	01		期初结存							8 000	8	64 000
07	02	转1	购入	2 000	8	16 000				10 000	8	80 000
07	02	转2	生产领用				5 000	8	40 000	5 000	8	40 000
07	20	转4	生产领用				2 000	8	16 000	3 000	8	24 000
			本月合计	2 000	8	16 000	7 000	8	56 000	3 000	8	24 000

表4-10 原材料明细分类账

类别：B材料　　　　品名：　　　　规格：（略）　　　　金额单位：元

2018年		凭证号数	摘要	收入			发出			结存		
月	日			数量/千克	单价	金额	数量/千克	单价	金额	数量/千克	单价	金额
07	01		期初结存							5 000	5	25 000
07	02	转2	生产领用				2 000	5	10 000	3 000	5	15 000
07	20	转4	生产领用				50	5	250	2 950	5	14 750
			本月合计				2 050	5	10 250	2 950	5	14 750

表 4-11　原材料明细分类账

类别：C 材料　　　　品名：　　　　规格：（略）　　　　金额单位：元

2018年		凭证号数	摘要	收入			发出			结存		
月	日			数量/千克	单价	金额	数量/千克	单价	金额	数量/千克	单价	金额
07	01		期初结存							400	2	800
07	20	转4	管理部门领用				100	2	200	300	2	600
			本月合计				100	2	200	300	2	600

表 4-12　应付账款明细账

明细科目：宏达工厂　　　　　　　　　　　　　　　　　　金额单位：元

2018年		凭证号数	摘要	借方	贷方	借或贷	余额
月	日						
07	01		期初余额			贷	11 700
07	12	银付5	偿还购料款	11 700		平	0
			本月合计	11 700		平	0

（4）根据记账凭证登记总分类账，见表 4-13~表 4-38。

表 4-13　库存现金（总账）

金额单位：元

2018年		凭证号数	摘要	借方	贷方	借或贷	余额
月	日						
07	01		期初余额			借	1 200
07	04	现收1	报销退余款	100		借	1 300
07	05	银付1	提取现金	80 000		借	81 300
07	05	现付1	发放工资		80 000	借	1 300
07	18	现付2	支付办公费		700	借	600
			本月合计	80 100	80 700	借	600

表 4-14　银行存款（总账）

金额单位：元

2018年		凭证号数	摘要	借方	贷方	借或贷	余额
月	日						
07	01		期初余额			借	150 000
07	01	银收1	企业投资	120 000		借	270 000
07	02	银付1	支付购料款		18 464	借	251 536
07	05	银付2	提取现金		80 000	借	171 536
07	09	银付3	归还借款		50 000	借	121 536
07	10	银付4	支付上月税费款		3 458	借	118 078
07	12	银付5	偿还购料款		11 700	借	107 378
07	13	银收2	销售收入	69 600		借	175 978
07	15	银付6	支付广告费		1 000	借	174 978
07	25	银付7	支付水电费		30 000	借	144 978
07	27	银收3	销售收入	208 800		借	353 778
			本月合计	398 400	194 622	借	353 778

表 4-15　在途物资（总账）

金额单位：元

2018年		凭证号数	摘要	借方	贷方	借或贷	余额
月	日						
07	01	银付1	购买材料	16 000		借	16 000
07	02	转5	材料验收入库		16 000	平	0
			本月合计	16 000	16 000	平	0

表 4-16　原材料（总账）

金额单位：元

2018年		凭证号数	摘要	借方	贷方	借或贷	余额
月	日						
07	01		期初余额			借	89 800
07	02	转1	材料入库	16 000		借	105 800
07	08	转2	生产领料		50 000	借	55 800
07	20	转4	生产领料		16 450	借	39 350
			本月合计	16 000	66 450	借	39 350

表 4-17 库存商品（总账）

金额单位：元

2018 年		凭证号数	摘要	借方	贷方	借或贷	余额
月	日						
07	01		期初余额			借	48 000
07	31	转 10	完工入库	187 850		借	235 850
07	31	转 11	销售转出		191 840	借	44 010
			本月合计	187 850	191 840	借	44 010

表 4-18 其他应收款（总账）

金额单位：元

2018 年		凭证号数	摘要	借方	贷方	借或贷	余额
月	日						
07	01		期初余额			借	3 000
07	04	转 3	报销差旅费		200	借	2 800
07	04	现收 1	小王退余款		100	借	2 700
			本月合计		300	借	2 700

表 4-19 生产成本（总账）

金额单位：元

2018 年		凭证号数	摘要	借方	贷方	借或贷	余额
月	日						
07	02	转 2	生产领料	50 000		借	50 000
07	20	转 4	生产领料	16 000		借	66 000
07	31	转 5	分配工资费	50 000		借	116 000
07	31	转 6	提取福利费	7 000		借	123 000
07	31	转 9	转入制造费用	64 850		借	187 850
07	31	转 10	结转产品成本		187 850	平	0
			本月合计	187 850	187 850	平	0

表 4-20 制造费用（总账）

金额单位：元

2018 年		凭证号数	摘要	借方	贷方	借或贷	余额
月	日						
07	18	现付 2	支付办公费	200		借	200

（续）

2018年		凭证号数	摘要	借方	贷方	借或贷	余额
月	日						
07	20	转4	车间领料	250		借	450
07	25	银付7	支付水电费	28 000		借	28 450
07	31	转5	分配工资费	10 000		借	38 450
07	31	转6	提取福利费	1 400		借	39 850
07	31	转7	计提折旧	25 000		借	64 850
07	31	转9	转出制造费用		64 850	平	0
			本月合计	64 850	64 850	平	0

表4-21 固定资产（总账）

金额单位：元

2018年		凭证号数	摘要	借方	贷方	借或贷	余额
月	日						
07	01		期初余额			借	715 000
			本月合计			借	715 000

表4-22 累计折旧（总账）

金额单位：元

2018年		凭证号数	摘要	借方	贷方	借或贷	余额
月	日						
07	01		期初余额			贷	255 000
07	31	转7	计提折旧		33 200	贷	288 200
			本月合计		33 200	贷	288 200

表4-23 应付账款（总账）

金额单位：元

2018年		凭证号数	摘要	借方	贷方	借或贷	余额
月	日						
07	01		期初余额			贷	11 700
07	12	银付5	偿还欠款	11 700		平	0
			本月合计	11 700		平	0

表 4-24 应付职工薪酬（总账）

金额单位：元

2018年		凭证号数	摘要	借方	贷方	借或贷	余额
月	日						
07	05	现付1	发放工资	80 000		借	80 000
07	31	转5	分配工资费用		80 000	平	0
07	31	转6	计提福利费		11 200	贷	11 200
			本月合计	80 000	91 200	贷	11 200

表 4-25 短期借款（总账）

金额单位：元

2018年		凭证号数	摘要	借方	贷方	借或贷	余额
月	日						
07	01		期初余额			贷	260 000
07	09	银付3	归还借款	50 000		贷	210 000
			本月合计	50 000		贷	210 000

表 4-26 应付利息（总账）

金额单位：元

2018年		凭证号数	摘要	借方	贷方	借或贷	余额
月	日						
07	31	转8	应付借款利息		1 000	贷	1 000
			本月合计		1 000	贷	1 000

表 4-27 应交税费（总账）

金额单位：元

2018年		凭证号数	摘要	借方	贷方	借或贷	余额
月	日						
07	01		期初余额			贷	5 300
07	02	银付1	支付进项税额	2 464		借	2 836
07	10	银付4	缴纳上月城建税、教育费附加	3 458		借	−622
07	13	银收2	收取销项税额		9 600	贷	8 978
07	27	银收3	收取销项税额		28 800	贷	37 778
07	31	转12	计算本月应交城建税、教育费附加		6 020	贷	43 798

（续）

2018年		凭证号数	摘要	借方	贷方	借或贷	余额
月	日						
			本月合计	5 922	44 420	贷	43 798

表4-28　实收资本（总账）

金额单位：元

2018年		凭证号数	摘要	借方	贷方	借或贷	余额
月	日						
07	01		期初余额			贷	400 000
07	01	银收1	某投资方投入资本		120 000	贷	520 000
			本月合计		120 000	贷	520 000

表4-29　资本公积（总账）

金额单位：元

2018年		凭证号数	摘要	借方	贷方	借或贷	余额
月	日						
07	01		期初余额			贷	15 000
			本月合计			贷	15 000

表4-30　盈余公积（总账）

金额单位：元

2018年		凭证号数	摘要	借方	贷方	借或贷	余额
月	日						
07	01		期初余额			贷	50 000
			本月合计			贷	50 000

表4-31　利润分配（总账）

金额单位：元

2018年		凭证号数	摘要	借方	贷方	借或贷	余额
月	日						
07	01		期初余额			贷	10 000
			本月合计			贷	10 000

表 4-32　本年利润（总账）

金额单位：元

2018 年		凭证号数	摘要	借方	贷方	借或贷	余额
月	日						
07	31	转 13	结转本月收入		240 000	贷	240 000
07	31	转 14	结转本月费用	233 760		贷	6 240
			本月合计	233 760	240 000	贷	6 240

表 4-33　主营业务收入（总账）

金额单位：元

2018 年		凭证号数	摘要	借方	贷方	借或贷	余额
月	日						
07	13	银收 2	甲产品销售收入		60 000	贷	60 000
07	27	银收 3	甲产品销售收入		180 000	贷	240 000
07	31	转 13	月末转出	240 000		平	0
			本月合计	240 000	240 000	平	0

表 4-34　主营业务成本（总账）

金额单位：元

2018 年		凭证号数	摘要	借方	贷方	借或贷	余额
月	日						
07	31	转 11	结转销售成本	191 840		借	191 840
07	31	转 14	月末转出		191 840	平	0
			本月合计	191 840	191 840	平	0

表 4-35　税金及附加（总账）

金额单位：元

2018 年		凭证号数	摘要	借方	贷方	借或贷	余额
月	日						
07	31	转 12	结转税金及附加	6 020		借	6 020
07	31	转 14	月末转出		6 020	平	0
			本月合计	6 020	6 020	平	0

表 4-36　管理费用（总账）

金额单位：元

2018年		凭证号数	摘要	借方	贷方	借或贷	余额
月	日						
07	04	转 3	报销差旅费	200		借	200
07	18	现付 2	支付办公费	500		借	700
07	20	转 4	领用材料	200		借	900
07	25	银付 7	支付水电费	2 000		借	2 900
07	31	转 5	分配工资费	20 000		借	22 900
07	31	转 6	计提福利费	2 800		借	25 700
07	31	转 7	计提折旧	8 200		借	33 900
07	31	转 14	月末转出		33 900	平	0
			本月合计	33 900	33 900	平	0

表 4-37　销售费用（总账）

金额单位：元

2018年		凭证号数	摘要	借方	贷方	借或贷	余额
月	日						
07	15	银付 6	支付广告费	1 000		借	1 000
07	31	转 14	月末转出		1 000	平	0
			本月合计	1 000	1 000	平	0

表 4-38　财务费用（总账）

金额单位：元

2018年		凭证号数	摘要	借方	贷方	借或贷	余额
月	日						
07	31	转 6	预提借款利息	1 000		借	1 000
07	31	转 14	月末转出		1 000	平	0
			本月合计	1 000	1 000	平	0

（5）根据原材料明细分类账编制"原材料明细分类账户本期发生额及余额对照表"，见表4-39；根据总分类账编制"总分类账户发生额及余额对照表"见表4-40；运用总分类账和明细分类账平行登记原理，进行月末对账。

表 4-39　原材料明细账本期发生额和余额对照表

金额单位：元

明细账户	计量单位	单价	期初余额		本期发生额				期末余额	
					收入		发出			
			数量	金额	数量	金额	数量	金额	数量	金额
A 材料	千克	8	8 000	64 000	2 000	16 000	7 000	56 000	3 000	24 000
B 材料	千克	5	5 000	25 000			2 050	10 250	2 950	14 750
C 材料	千克	2	400	800			100	200	300	600
合计			13 400	89 800	2 000	16 000	9 150	66 450	6 250	39 350

表 4-40　总分类账户发生额及余额对照表

金额单位：元

账户名称	期初余额		本期发生额		期末余额	
	借方	贷方	借方	贷方	借方	贷方
库存现金	1 200		80 100	80 700	600	
银行存款	150 000		398 400	194 622	353 778	
其他应收款	3 000			300	2 700	
在途物资			16 000	16 000		
原材料	89 800		16 000	66 450	39 350	
生产成本			187 850	187 850		
制造费用			64 850	64 850		
库存商品	48 000		187 850	191 840	44 010	
固定资产	715 000				715 000	
累计折旧		255 000		33 200		288 200
应付利息				1 000		1 000
应付账款		11 700	11 700			
应付职工薪酬			80 000	91 200		11 200
短期借款		260 000	50 000			210 000
应交税费		5 300	5 922	44 420		43 798
实收资本		400 000		120 000		520 000
资本公积		15 000				15 000
盈余公积		50 000				50 000
主营业务收入			240 000	240 000		
主营业务成本			191 840	191 840		
税金及附加			6 020	6 020		
管理费用			33 900	33 900		

（续）

账户名称	期初余额		本期发生额		期末余额	
	借方	贷方	借方	贷方	借方	贷方
销售费用			1 000	1 000		
财务费用			1 000	1 000		
利润分配		10 000				10 000
本年利润			233 760	240 000		6 240
合计	1 007 000	1 007 000	1 806 192	1 806 192	1 155 438	1 155 438

（6）根据总分类账和明细分类账的有关资料编制会计报表。

【任务实施】

（1）完成实习会计基础与认知（CMAC 一级）配套章节练习。

（2）完成实习会计基础与认知（CMAC 一级）平台任务（参考 CMAC 试题操作指南）。

任务二　学习科目汇总表账务处理程序

【任务描述】
（1）了解科目汇总表账务处理程序；
（2）应用举例。

【知识储备】

一、科目汇总表账务处理程序

（一）核算要求

科目汇总表账务处理程序，是根据审核无误的记账凭证定期汇总编制科目汇总表，然后根据科目汇总表登记总分类账的一种账务处理程序。它的主要特点是，首先根据记账凭证定期编制科目汇总表，然后根据科目汇总表登记总分类账。

科目汇总表是根据一定时期内的全部记账凭证按总账科目进行汇总，据以计算出每一总账科目的本期借方发生额和贷方发生额，作为登记总分类账依据的凭证。

科目汇总表的编制方法是将一定时期内的全部收、付、转记账凭证汇总在一张科目汇总表上，据以登记总分类账。汇总的时间应根据业务量大小确定，一般可以每5天、每10天或每15天汇总一次。

（二）优缺点和适用范围

1. 优点

依据科目汇总表登记总账，大大简化了登记总分类账的工作量；科目汇总表本身能对所编制的记账凭证起到试算平衡的作用，便于保证总分类账记录的正确性。

2. 缺点

由于科目汇总表反映的是各科目一定时期的借、贷方发生额的汇总数，根据其登记的总账，便不能反映各账户之间的对应关系，不便于分析交易事项的来龙去脉。如果记账凭证较多，编制科目汇总表本身也是一项很烦琐的工作。

3. 适用范围

科目汇总表账务处理程序适用于经营规模较大，交易事项较多的单位。

（三）具体工作步骤

（1）根据原始凭证或原始凭证汇总表填制收款凭证、付款凭证和转账凭证。

（2）根据审核无误的收款凭证、付款凭证及所附原始凭证，逐笔序时登记现金日记账和银行存款日记账。

（3）根据审核无误的记账凭证和原始凭证或原始凭证汇总表，逐笔登记明细分类账。

（4）根据审核无误的记账凭证定期编制科目汇总表。

（5）根据科目汇总表登记总分类账。

（6）按照对账的具体要求，定期将总分类账与日记账、明细分类账相核对。

（7）期末，根据总分类账和明细分类账的有关资料，编制会计报表。

上述科目汇总表账务处理程序的工作步骤，如图4-3所示。

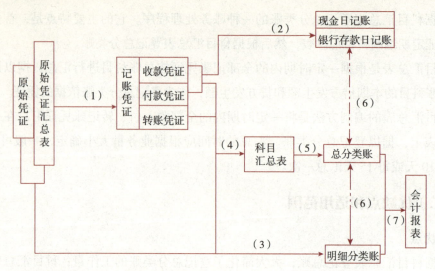

图 4-3 科目汇总表账务处理程序

二、应用举例

现仍以任务一大宇公司 7 月份发生的经济业务,说明科目汇总表的编制和总账的登记。

(1) 根据大宇公司 7 月份经济业务填制记账凭证,内容与本项目任务二记账凭证账务处理程序相同。

(2) 根据收款凭证和付款凭证,登记现金日记账和银行存款日记账,内容与本项目任务二记账凭证账务处理程序相同。

(3) 根据原始凭证和记账凭证登记明细分类账(只登记原材料、应付账款明细分类账,其余略),内容与本项目任务二记账凭证账务处理程序相同。

(4) 根据一定时期内的全部收、付、转记账凭证(15 天)编制科目汇总表,见表 4-41 和表 4-42。

表 4-41 科目汇总表

2018 年 07 月 01 日至 15 日　　汇字第 1 号　　金额单位:元

会计科目	总账页数	借方发生额	贷方发生额	记账凭证起讫号数
库存现金	略	80 100	80 000	略
银行存款		189 600	164 622	
其他应收款			300	
在途物资		16 000	16 000	
原材料		16 000	50 000	

（续）

会计科目	总账页数	借方发生额	贷方发生额	记账凭证起讫号数
生产成本		50 000		
应付账款		11 700		
应付职工薪酬		80 000		
短期借款		50 000		
应交税费	略	5 922	9 600	略
实收资本			120 000	
主营业务收入			60 000	
管理费用		200		
销售费用		1 000		
合计		500 522	500 522	

表 4-42　科目汇总表

2018 年 07 月 16 日至 31 日　　汇字第 2 号　金额单位：元

会计科目	总账页数	借方发生额	贷方发生额	记账凭证起讫号数
库存现金			700	
银行存款		208 800	30 000	
原材料			16 450	
生产成本		137 850	187 850	
制造费用		64 850	64 850	
库存商品		187 850	191 840	
累计折旧			33 200	
应付利息			1 000	
应付职工薪酬	略		91 200	略
应交税费			34 820	
主营业务收入		240 000	180 000	
主营业务成本		191 840	191 840	
税金及附加		6 020	6 020	
管理费用		33 700	33 900	
销售费用			1 000	
财务费用		1 000	1 000	
本年利润		233 760	240 000	
合计		1 305 670	1 305 670	

（5）根据编制的科目汇总表登记总分类账（仅以银行存款和应交税费账户为例，其余略），见表4-43和表4-44。

表4-43 银行存款（总账）

金额单位：元

2018年		凭证号数	摘要	借方	贷方	借或贷	余额
月	日						
07	01		期初结存			借	150 000
07	15	汇1	01–15日汇总过入	189 600	164 622	借	174 978
07	31	汇2	16–31日汇总过入	208 800	30 000	借	353 778
				398 400	194 622	借	353 778

表4-44 应交税费（总账）

金额单位：元

2018年		凭证号数	摘要	借方	贷方	借或贷	余额
月	日						
07	01		期初结存			贷	5 300
07	15	汇1	01–15日汇总过入	5 922	9 600	贷	8 978
07	31	汇2	16–31日汇总过入		34 820	贷	43 798
				5 922	44 420	贷	43 798

（6）根据原材料明细分类账编制"原材料明细分类账户本期发生额及余额表"；根据总分类账编制"总分类账户期末余额表"，进行月末对账。内容与本项目任务一记账凭证账务处理程序相同。

（7）根据总分类账和明细分类账的有关资料编制会计报表。

【任务实施】

（1）完成实习会计基础与认知（CMAC一级）配套章节练习。

（2）完成实习会计基础与认知（CMAC一级）平台任务（参考CMAC试题操作指南）。

任务三　学习汇总记账凭证账务处理程序

【任务描述】
（1）了解汇总记账凭证账务处理程序；
（2）应用举例。

【知识储备】

一、汇总记账凭证账务处理程序

（一）核算要求

汇总记账凭证账务处理程序，是根据审核无误的记账凭证定期编制汇总记账凭证，然后根据汇总记账凭证登记总分类账的一种账务处理程序。它的主要特点是，首先根据记账凭证定期编制汇总记账凭证，然后根据汇总记账凭证登记总分类账。

汇总记账凭证是将记账凭证按账户的对应关系，定期编制汇总收款凭证、汇总付款凭证、汇总转账凭证，一般每月至少汇总三次。

（二）优缺点和适用范围

1. 优点

根据汇总记账凭证登记总账，减轻了登记总账的工作量，同时汇总记账凭证是按照账户的对应关系编制的，明确地反映出了交易事项的来龙去脉，便于查账。

2. 缺点

汇总记账凭证的编制工作较为复杂，特别是当转账凭证数量较多时，编制汇总转账凭证的工作量较大。若企业规模较小，业务量较少，采用这种核算形式不能起到简化记账工作的作用。

3. 适用范围

汇总记账凭证账务处理程序适用于经营规模较大，交易事项较多的单位。

(三)具体工作步骤

(1)根据原始凭证或原始凭证汇总表填制收款凭证、付款凭证和转账凭证。

(2)根据审核无误的收款凭证、付款凭证及所附原始凭证,逐笔序时登记现金日记账和银行存款日记账。

(3)根据审核无误的记账凭证和原始凭证或原始凭证汇总表,逐笔登记明细分类账。

(4)根据审核无误的记账凭证定期编制汇总记账凭证(汇总收款凭证、汇总付款凭证、汇总转账凭证)。

(5)根据汇总记账凭证登记总分类账。

(6)按照对账的具体要求,定期将总分类账与日记账、明细分类账相核对。

(7)期末,根据总分类账和明细分类账的有关资料,编制会计报表。上述汇总记账凭证账务处理程序的工作步骤,如图4-4所示。

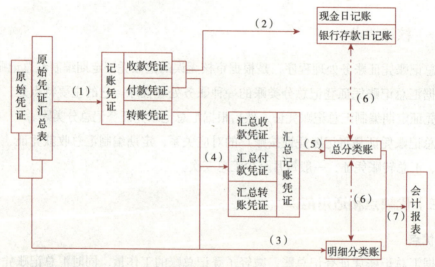

图4-4 汇总记账凭证账务处理程序

二、汇总记账凭证的编制

(一)汇总收款凭证的编制

汇总收款凭证,按"现金""银行存款"账户的借方设置,定期根据收款凭证贷方科目归类、汇总,月终结出合计数,据以登记总账见表4-45。

表 4-45 汇总收款凭证

借方科目：库存现金　　　　　　　　　2018 年 07 月　　　　　　　　　第 1 号　金额单位：元

贷方科目	金额				总账页数	
	1 日至 10 日凭证第 1-30 号	11 日至 20 日凭证第 31-70 号	21 日至 31 日凭证第 71-119 号	合计	借方	贷方
其他应收款	900			900	略	略
主营业务收入	7 000	3 000		10 000		
其他业务收入		600	300	900		
管理费用			200	200		
财务费用			400	400		
合计	7 900	3 600	900	12 400		

（二）汇总付款凭证的编制

汇总付款凭证，按"现金""银行存款"账户的贷方设置，定期根据付款凭证借方科目归类汇总，月终结出合计数，据以登记总账，见表4-46。

表 4-46 汇总付款凭证

贷方科目：银行存款　　　　　　　　　2018 年 07 月　　　　　　　　　第 4 号　金额单位：元

借方科目	金额				总账页数	
	1 日至 10 日凭证第 1-30 号	11 日至 20 日凭证第 31-70 号	21 日至 31 日凭证第 71-119 号	合计	借方	贷方
应付账款	15 000	80 000		95 000	略	略
原材料	30 000	15 000	10 000	55 000		
固定资产	21 000			21 000		
应付利息			500	500		
管理费用	800	1 000	700	2 500		
合计	66 800	96 000	11 200	17 400		

（三）汇总转账凭证的编制

汇总转账凭证按每一贷方科目设置，并根据转账凭证的借方归类，定期汇总，月终结出合计数据以登记总账。如果发现多借多贷或一借多贷的会计分录，应分解为一借一贷的会计分录，再予以汇总记账，见表4-47。

表 4-47　汇总转账凭证

贷方科目：原材料　　　　　　　　2018 年 07 月　　　　　　第 15 号　金额单位：元

借方科目	金额				总账页数	
	1 日至 10 日凭证第 1-30 号	11 日至 20 日凭证第 31-70 号	21 日至 31 日凭证第 71-119 号	合计	借方	贷方
生产成本	6 000	11 000	6 000	23 000	略	略
制造费用			3 000	3 000		
管理费用		1 200	4 000	5 200		
合计	6 000	12 200	13 000	31 200		

【任务实施】

（1）完成实习会计基础与认知（CMAC 一级）配套章节练习。

（2）完成实习会计基础与认知（CMAC 一级）平台任务（参考 CMAC 试题操作指南）。

【知识拓展】

账务处理流程分析

为了确保会计工作有条不紊地进行，提高会计工作的质量和效率，确保账簿记录能产生管理所需的信息，各单位应根据自己的实际情况和具体条件，选用合适的凭证、账簿和会计报表，确定它们的格式，以及填制和登记的步骤和方法，设计并实施适合本单位经济业务特点的账务处理流程。

在不同的单位，合理组织本单位的账务处理流程，有利于会计工作的分工协作，增强会计信息的可靠性；有利于简化会计核算手续，提高工作效率；有利于充分发挥会计的职能作用；有利于科学地组织本单位的会计核算工作。

账务处理流程主要有 3 种形式：记账凭证核算形式、科目汇总表核算形式、汇总记账凭证核算形式。不同的账务处理流程的差别主要体现在登记总账的方法和依据不同，其中科目汇总表核算形式最为常见。

一、手工处理账务的流程分析

（1）日常经济业务发生时，业务人员将原始凭证提交给财会部门。由凭证录入人员在企业基础会计信息的支持下，直接根据原始单据编制凭证，并保存在凭证文件中。

（2）对凭证文件中的凭证进行审核。如果审核通过，则对记账凭证做审核标记，否则，将审核未通过的凭证提交给录入人员。

（3）登记日记账。出纳人员根据收款凭证和付款凭证，登记现金日记账和银行存款日记账。

（4）登记各种明细账。一般单位根据业务量的大小设置各个会计岗位，即分别由多个财会人员登记多本明细账，如一名会计专门登记应收账款明细账，一名会计专门登记材料明细账等。

（5）根据科目汇总表登记总账。总账会计根据记账凭证定期汇总编制科目汇总表，根据科目汇总表登记总分类账。

（6）月末处理。由于日记账、明细账、总账分别由多个财会人员登记，可能存在错误。因此，每月月末，财会人员要进行对账，将日记账与总账核对，将明细账和总账核对，做到账账相符。此外，财会人员在月末还要进行结账，即计算会计账户的本期发生额和余额，结束账簿记录。

（7）根据企业银行账和银行对账单中的银行业务进行自动对账，并生成余额调节表。

（8）编制报表。根据日记账、明细账和总账编制管理者所需的会计报表和内部分析表。

二、计算机处理账务的流程分析

（1）首先，在系统启用时由凭证录入人员将本单位的基础会计信息（如企业基本信息档案、科目编码和名称、期初余额、客户档案、供应商档案、财务人员档案、仓库档案等）通过初始模块输入计算机，并保存在企业基础信息文件中。与手工处理流程相比，新增了初始设置模块，该模块在整个系统中的作用举足轻重。比如科目表的编码设置，直接关系到记账凭证的录入、存储、查询效率；科目余额表金额的准确性，直接关系到计算机与手工账的接口问题；往来单位信息表和余额表直接关系到对往来单位辅助信息的核算和管理。

（2）新增了录入员岗位，负责录入记账凭证，虽然增加了工作量，但这是必不可少且十分重要的，直接关系到整个账务处理系统数据处理的准确性。

（3）新增了临时凭证文件，用于保存当期审核后的临时凭证。相对于历史凭证文件而言，其主要作用是便于集中审核当期的记账凭证，不用查询前期已经审核结账的凭证，节省了系统查询时间。

（4）计算机处理方式与手工处理方式不同，记账人员只需发出指令，计算机自动对凭证文件中已审核凭证进行记账，分别更新汇总文件、已记账文件、企业银行账等，并将凭证文件中已记账的凭证删除。结账，即会计期末结账人员发出指令，计算机根据凭证模板自动生成机制凭证，保存在凭证文件中，供记账使用；当所有凭证都记账后，计算机自动计算出本月合计、本年累计数据。

每个财务人员都应该了解此流程，更应该了解相关的财务软件，目前稍有规模或管理水平高一点的企业均采用信息化管理，财务人员应该知道如何使用软件和如何设置，只要凭证制作正确，其余步骤均由计算机完成：凭证－汇总－明细账－总账－各种报表。

了解财务流程是非常有必要的，其大致环节如下：①根据原始凭证或原始凭证汇总表填制记账凭证；②根据收付记账凭证登记现金日记账和银行存款日记账；③根据记账凭证登记明细分类账。④根据记账凭证汇总，编制科目汇总表；⑤根据科目汇总表登记总账；⑥期末，根据总账和明细分类账编制资产负债表和利润表。

如果企业规模小，业务量不多，可以不设置明细分类账，直接将逐笔业务登记入总账。在实际会计实务中，要求会计人员在每发生一笔业务时就要登记入明细分类账中，而总账中的数额是直接将科目汇总表的数额抄过去的。企业可以根据业务量每隔五天、十天、十五天，或是一个月编制一次科目汇总表。如果业务相当大，也可以一天一编。

项目五

错账更正

任务一 了解错账更正

【任务描述】
（1）了解错账更正的概念；
（2）熟悉查找错账更正的方法；
（3）掌握错账更正的方法。

【知识储备】

一、错账更正的起因

（一）对账理论精要

所谓对账，就是核对账目。其目的是防止和避免编制记账凭证和登记账簿时出现差错，以提高会计核算的质量，切实做到账证、账账、账实相符。各单位应定期（每年至少一次）核对各种账簿记录，确保会计信息真实可靠。

对账的内容，主要包括以下方面：

1. 账证核对

账证核对时应就原始凭证、记账凭证与账簿记录中的各项经济业务核对其内容、数量、金额是否相符,以及会计科目是否正确。根据业务量的大小,可逐笔核对,也可抽查核对。如发现有差错,应逐步查对到最初的依据,直至查出差错的原因为止。

2. 账账核对

账账核对时要做到账账相符,一般有以下方法:

(1) 检查总分类账户的记录是否有差错。可以通过编制试算平衡表进行检查,如果借贷双方金额试算平衡,一般来说没有错误,如果借贷双方金额不平衡,则说明记账有错误,要作进一步检查。

(2) 检查总分类账户与所属明细分类账户之间的记录是否有差错。

1) 通过编制明细分类账本期发生额及余额明细表或财产物资的收发结存表与总分类账户核对,如有不符,应进一步查找差错所在原因。

2) 加计各明细分类账户中的本期发生额或余额合计数,直接与总分类账户的相应数字相核对。这种方法可以省略上述明细表的编制工作。

3. 账实核对

账实核对要求账簿记录余额与各项财产物资和现金、银行存款及各种有价证券的实存数核对相符。核对的方法是财产清查,即对固定资产、材料、在产品、产成品、现金等,均应通过盘点实物,并与账存数核对,看其是否相符。

(二) 错账更正的起因

在记账过程中,可能发生各种各样的差错。经过对账核查,产生差错的原因可能是重记、漏记、数字颠倒、数字错位、数字记错、科目记错、借贷方向记反等,从而影响会计信息的准确性,如发现差错,会计人员应及时找出差错并予以更正。

二、查找错账的方法

查找错账的方法有很多,一般分全面检查和局部抽查两类。

(一) 全面检查

全面检查就是对一定时期内的账目逐笔核对的方法。按照查找的顺序是否与记账程序的方向相同,又可分为顺查法和逆查法。

(1) 顺查法是按照记账的顺序,从原始凭证到记账凭证再到账簿,顺次查找的方法。顺查法按照记账的先后顺序查找,有利于全面检查账簿记录的正确性,但查找的工作量大,适用于错账较多,难以确定查找方向与重点范围的情况。

(2) 逆查法就是与记账顺序相反,从错账的位置开始,逆向查到错误的原因的方法。这种方法能减少查找的工作量,在实际工作中使用较多。

(二)局部抽查

局部抽查就是针对错误的数字抽查账目的方法。局部抽查包括差数法、尾数法、除二法、除九法等具体方法。

1. 差数法

差数法是指按照错账的差数来查找错账的方法。例如,在记账过程中只登记了经济业务的借方或者贷方,漏记了另一方,从而形成试算平衡中借方合计数与贷方合计数不相等。如果借方金额遗漏,就会使该金额在贷方超出。如果贷方金额遗漏,则会使该金额在借方超出。对于这样的差错,可由会计人员通过回忆和与相关金额的记账核对来查找,见表5-1。

表 5-1 适用差数法的情况

金额单位:元

借方	贷方
100	100
200	200
300	
500	500
1 100	800

2. 尾数法

尾数法是指对于发生的只有角、分的差错,可以只检查小数部分,这样可以提高查找错误的效率,见表5-2。

表 5-2 适用尾数法的情况

金额单位:元

借方	贷方
100	100
200.10	200
300	300
500	500
1 100.10	1 100

3. 除 2 法

除 2 法是指用差数除以 2 来查找错账的方法。若记账时将借方金额错计入贷方（或者相反）时，出现错账的差数就会表现为错误的 2 倍，因此将此差数除以 2，得出的商就应该是反向的正确金额。例如，应计入固定资产科目借方的 5 000 元误计入贷方，则该科目的期末余额将小于总分类科目期末余额 10 000 元，除以 2 的商 5000 元即为借贷方向反向的金额。同理，如果借方总额大于贷方 800 元，即应查找有无 400 元的贷方金额误计入借方，见表 5-3。

表 5-3　适用除 2 法的情况

金额单位：元

借方	贷方
100	100
200	200
	5 000
	5 000
300	10 300

4. 除 9 法

除 9 法是指用差数除以 9 来查找错数的方法，适用于以下两种情况。第一，将数字写大。例如将 30 写成 300，错误数字大于正确数字 9 倍。查找的方法是，用差数除以 9 得出的商为正确的数字，商乘以 10 后所得的积为错误数字。例如差数 270（300-30）除以 9 以后，所得的商 30 为正确数字，30 乘以 10 等于 300 为错误数字。第二，将数字写小。例如将 500 写成 50，错误数字小于正确数字 9 倍。查找的方法是，以差数除以 9 得出的商即为写错的数字，商乘以 10 即为正确的数字。例如差数 450（500-50）除以 9，商 50 即为错数，乘以 10 后即可得出正确的数字 500。

三、错账更正的方法

错账更正的方法主要有划线更正法、红字更正法和补充登记法。

不同错误的账务处理所运用的更正方法也是不同的。

【任务实施】

（1）完成实习会计基础与认知（CMAC 一级）配套章节练习。

（2）完成实习会计基础与认知（CMAC 一级）平台任务（参考 CMAC 试题操作指南）。

任务二　掌握划线更正法

【任务描述】
（1）了解划线更正法的概念；
（2）熟悉划线更正法的特点及适用范围；
（3）掌握划线更正法的修改方法。

【知识储备】

一、划线更正法的概念与特点

（一）概念

划线更正法是指用划红线的方式注销原有错误记录，然后在错误记录的上方写上正确记录的方法。

（二）特点

在登记账簿的过程中，如果发现文字或数字记错，应先在错误的文字或数字上划一道红线，然后在划线上方填写正确的记录。在划线时如果是文字错误，可只划销错误部分；如果是数字错误，应将全部数字划销，不得只划销错误数字。划销时必须注意使原来的错误字迹仍可辨认。更正后，经办人应在划线的一端盖章，以示负责。

二、适用范围与注意事项

（一）适用范围

结账前，记账凭证无错误，登记账簿中有文字或数字上的笔误。

（二）注意事项

对于数字差错，在更正时应将错误的数额全部划消，而不能只划消、更正其中的个别数码；划线注消的文字或数字应保持其原有字迹仍可辨认，以备查考。

三、应用案例

【例5-1】 2019年1月，结账前，宋秋发现总账中将库存现金支付的业务招待费2763.00元误记为2736.00元，如图5-1所示。

总　账

科目	库存现金			编码	1001					
2019年 月 日	凭证编号	摘要	借方 亿千百十万千百十元角分	√	贷方 亿千百十万千百十元角分	√	借或贷	余额 亿千百十万千百十元角分	√
01 01		上年结转					借	1 2 4 2 0 0	
01 01	银付1	提现备发工资	3 5 0 0 0 0				借	3 6 2 4 2 0 0	
01 01	现付1	支付工资			3 2 0 0 0 0		借	4 2 4 2 0 0	
01 01	现付2	购买办公用品			1 2 5 0 0		借	4 1 1 7 0 0	
01 01	现收1	报销差旅费	4 8 0 0				借	4 1 6 5 0 0	
01 01	现付3	支付业务招待费			2 7 3 6 0 0		借	1 4 0 2 0 0	

图5-1　总账一

要求：运用所学知识，对错账进行更正。

【解答】更正方法：不能只划去其中的"36"，改为"63"；而是应当把"2736.00"全部用红线划去，并在其上方写上"2763.00"，更正后，经办人应在划线的一端盖章，以示负责，如图5-2所示。

【例5-2】 2018年7月3日，根据7月3日"记字6号"凭证登记应付账款明细账时，翟文发现错将"货款"写成"贷款"，如图5-3所示。

要求：运用所学知识，对错账进行更正。

【解答】更正方法：可以只划去其中的"贷"，改为"货"，更正后，经办人翟文应在划线的一端盖章，以示负责，如图5-4所示。

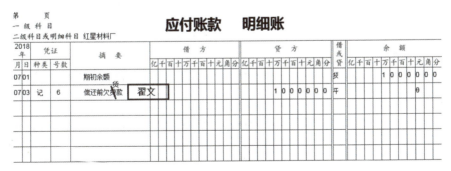

图 5-2 总账二

图 5-3 明细账一

图 5-4 明细账二

【任务实施】

（1）完成实习会计基础与认知（CMAC 一级）配套章节练习。

（2）完成实习会计基础与认知（CMAC 一级）平台任务（参考 CMAC 试题操作指南）。

任务三　掌握红字更正法

【任务描述】
（1）了解红字更正法的概念；
（2）熟悉红字更正法的适用范围；
（3）掌握红字更正法的应用。

【知识储备】

一、红字更正法概念

红字更正法又称红字冲账法，是指用红字冲销原有错误的账簿记录，以更正或调整账簿记录的一种方法。红字在记账中表示减少，起到冲销的作用。

二、适用范围

（1）记账后在当年内发现记账凭证所记的会计科目错误，从而引起的记账错误，采用红字更正法。

更正的方法是，用红字填写一张与原记账凭证完全相同的记账凭证，在摘要栏注明"冲销某月某日第 × 号记账凭证错误"，并据以用红字登记入账，以冲销原有的记账错误；然后用蓝（黑）字填写一张正确的记账凭证，在摘要栏注明"补记某月某日账"，并据以入账。

（2）记账后在当年内发现记账凭证所记会计科目无误，但所记金额大于应记金额，从而引发的记账错误，采用红字更正法。

更正的方法是，按多记的金额用红字编制一张与原记账凭证应借、应贷科目完全相同的记账凭证，在摘要栏注明"冲销某月某日第 × 号记账凭证多记金额"，以冲销多记金额，并据以入账。

三、应用举例

【例5-3】 某企业以银行存款购买A材料3 000元,材料已验收入库。在填制记账凭证时,误作贷记"库存现金"科目,并以登记入账。记账凭证如图5-5所示:

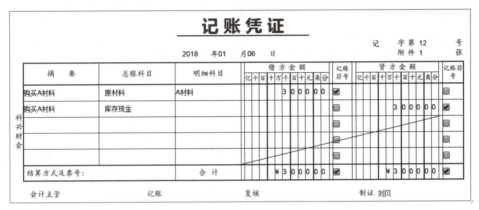

图5-5 记账凭证一

要求:运用所学知识,对错账进行更正。

【解答】更正时,首先填制一张与原错误记账凭证内容完全相同,但金额为红字的记账凭证,以冲销原错误记录。记账凭证如图5-6所示。

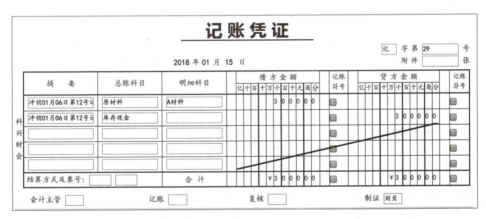

图5-6 记账凭证二

然后,用蓝(黑)字填制一张正确的额记账凭证。记账凭证如图5-7所示。

最后,根据上述红字记账凭证和正确的记账凭证登记相关账簿。

【例5-4】 某企业从银行提取现金30 000元,备发工资,误填了下列记账凭证,并以此登记入账,如图5-8所示。

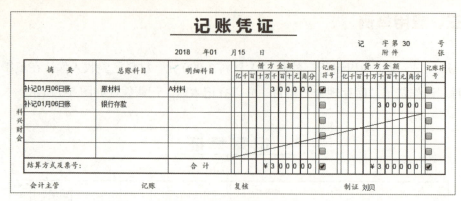

图 5-7　记账凭证三

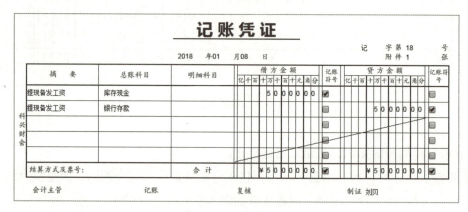

图 5-8　记账凭证四

要求：运用所学知识，对错账进行更正。

【解答】发现错误后，应将多记的金额用红字填制一张与上述科目相同的记账凭证，并据以入账。记账凭证如图 5-9 所示。

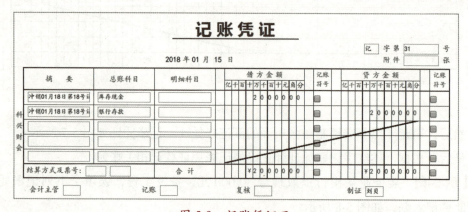

图 5-9　记账凭证五

【任务实施】
（1）完成实习会计基础与认知（CMAC 一级）配套章节练习。
（2）完成实习会计基础与认知（CMAC 一级）平台任务（参考 CMAC 试题操作指南）。

任务四　掌握补充登记法

【任务描述】
（1）了解补充登记法的概念；
（2）熟悉补充登记法的适用范围；
（3）掌握补充登记法的修改方法。

【知识储备】

一、补充登记法的概念

补充登记法是指在会计核算中用补记金额的方式更正原错误账簿记录的一种方法。在科目对应关系正确时，将少记的金额填制一张记账凭证，在"摘要"栏中注明"补记 × 字第 × 号凭证少计数"，并据以登记入账，以补记原来登记时少记的金额。

二、适用范围

补充登记法适用于记账后发现记账凭证所记金额小于应记金额的情况。
具体更正方法是，按少记的金额用蓝（黑）字编制一张与原始凭证应借、应贷科目完全相同的记账凭证，在摘要栏上注明"补记某月某日第 × 号凭证少记金额"，以补充少记的金额，并据以入账。

三、应用举例

【例 5-5】 2018 年 01 月 10 日，某公司接受 A 公司投入资金 180 000 元，已存入银行。在填制记账凭证时，误将金额写成 150 000 元，并已入账。会计记账凭证如图 5-10 所示：

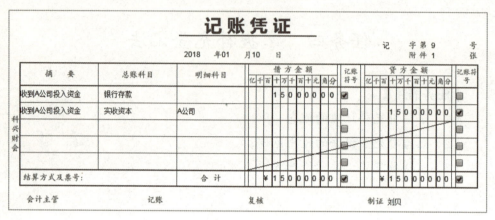

图 5-10　记账凭证六

要求：运用所学知识，对错账进行更正。

【解答】发现错误后，应将少记金额用蓝（黑）字编制一张与原始凭证应借、应贷科目完全相同的记账凭证，登记入账。会计记账凭证如图 5-11 所示：

图 5-11　记账凭证七

【例 5-6】 2018 年 03 月 15 日，收到 C 公司还欠款 3 500 元，并存入银行。编制记账凭证时，将金额误写为 350 元，并已登记入账。会计记账凭证如图 5-12 所示。

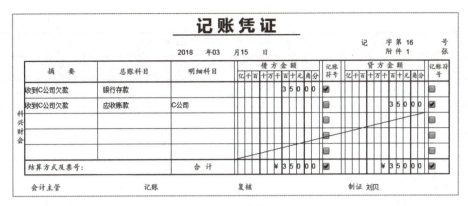

图 5-12 记账凭证八

要求：运用所学知识，对错账进行更正。

【解答】发现上述错误时，可将少记的 3 150 元（3 500–350）用蓝（黑）字编制记账凭证，更正原记账错误，如图 5-13 所示。

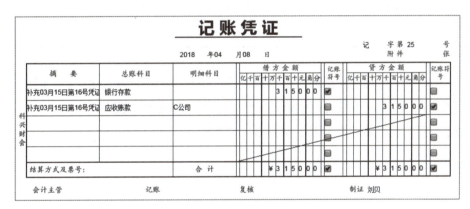

图 5-13 记账凭证九

【例 5-7】 广州远大公司 2018 年 7 月 31 日结账前的试算平衡表见表 5-4，尽管试算平衡表平衡，但在审核记账凭证时仍发现以下错误。

表 5-4 结账前发生额试算平衡表

2018 年 07 月 31 日　　　　　　　　　　　　金额单位：元

会计科目	本期发生额	
	借方	贷方
银行存款	5 000	
应收账款	3 000	
原材料	13 000	

119

（续）

会计科目	本期发生额	
	借方	贷方
库存商品	10 000	
固定资产	10 000	
无形资产	2 000	
应付账款		13 700
短期借款		4 300
长期借款		5 000
实收资本		7 000
盈余公积		2 000
主营业务收入		51 000
主营业务成本	40 000	
合计	83 000	83 000

（1）07月03日向甲公司赊销了一批产品，应收甲公司货款2 000元，记账凭证误记为3 000元，该凭证编号为记字第27号。（不考虑增值税，下同）

错账更正方法是红字更正法，如图5-14所示。

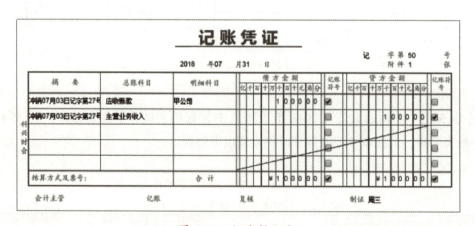

图5-14 记账凭证十

（2）07月10日结转销售成本5 000元，而实际应结转的成本为5 500元，原登记该笔业务的记账凭证的编号为记字第79号。

错账更正方法是补充登记法，如图5-15所示。

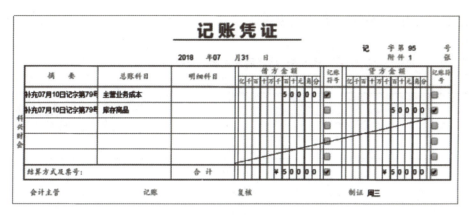

图 5-15 记账凭证十一

（3）7月21日，赊购了一台办公用的计算机，价值10 000元，误作为原材料登记入账，当时登记该业务的记账凭证编号为记字第101号。

错账更正方法是红字更正法，如图5-16和图5-17所示。

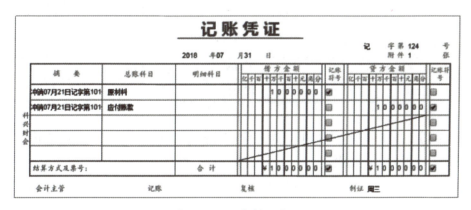

图 5-16 记账凭证十二

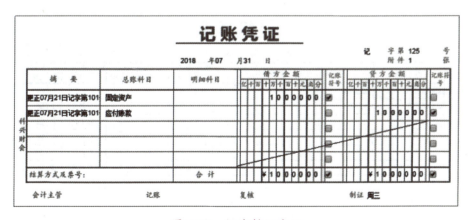

图 5-17 记账凭证十三

结账后，发生额试算平衡表见表5-5。

表 5-5 结账后发生额试算平衡表
2018 年 7 月 31 日

会计科目	本期发生额	
	借方	贷方
银行存款	5 000	
应收账款	2 000	
原材料	3 000	
库存商品	9 500	
固定资产	20 000	
无形资产	2 000	
应付账款		13 700
短期借款		4 300
长期借款		5 000
实上资本		7 000
盈余公积		2 000
主营业务收入		50 000
主营业务成本	40 500	
合计	82 000	82 000

【例 5-8】 2018 年 10 月 30 日，A 企业在月末结账前，经对账，发现以下错误，要求按规定的更正方法进行更正。

（1）10 月 05 日，摊销无形资产价值，应摊销金额为 89 000 元，记账凭证误编如下，并已登账，图 5-18 所示。

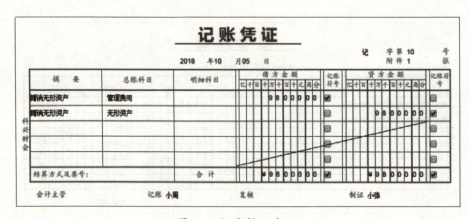

图 5-18 记账凭证十四

（2）10月05日，结转完工入库的产品成本，价值为 150 000 元，记账凭证误编如下，并已登账，如图 5-19 所示。

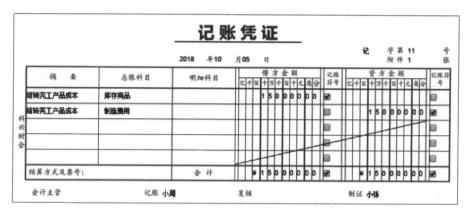

图 5-19　记账凭证十五

（3）10月15日，生产车间生产产品领用原材料，价值为 86 000 元，记账凭证误编如下，并已登账，如图 5-20 所示。

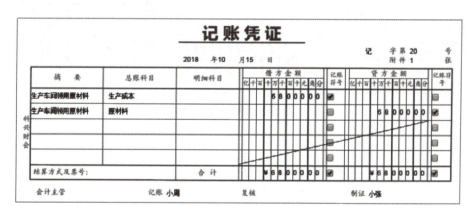

图 5-20　记账凭证十六

（4）10月15日，支付本月产品广告费 89 000 元，记账凭证误编如下，并已登账，如图 5-21 所示。

记账凭证

记 字第 21 号

2018 年10 月15 日　　附件 1 张

摘要	总账科目	明细科目	借方金额	记账符号	贷方金额	记账符号
支付产品广告费	销售费用		9800000	✔		
支付产品广告费	银行存款				9800000	✔
结算方式及票号：		合计	¥9800000	✔	¥9800000	✔

会计主管　　记账 小周　　复核　　制证 小张

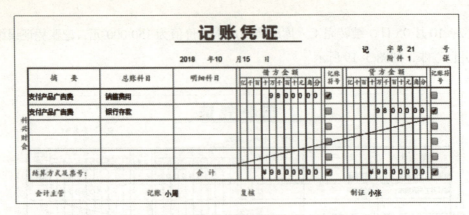

图 5-21　记账凭证十七

（5）10 月 29 日，记账凭证没有错误，会计人员在登记入账时把银行存款偿还 C 公司应付购货款 10000 元误记为 1000 元，凭证号为记 –50，如图 5–22 所示。

应付账款　　明细账

第　　页

一级科目　应付账款

二级科目或明细科目　A企业

2018年 月	日	凭证 种类	号数	摘要	借方	贷方	借或贷	余额
10	01			期初余额			贷	1000000
10	03	记	03	采购C公司货物		1000000	贷	2000000
10	29	记	50	偿还C公司货款	100000		贷	1000000
10	30			本月合计	1000000	1000000	贷	1000000
10	30			本年累计	16000000	17500000	贷	1000000

图 5-22　明细账一

答案：

（1）错账更正方法是红字更正法，如图 5–23 所示。

记账凭证

记 字第 55 号

2018 年10 月30 日　　附件 1 张

摘要	总账科目	明细科目	借方金额	记账符号	贷方金额	记账符号
冲销10月5日记字第10号	管理费用		900000	✔		
冲销10月5日记字第10号	无形资产				900000	✔
结算方式及票号：		合计	¥900000	✔	¥900000	✔

会计主管　　记账 小周　　复核　　制证 小张

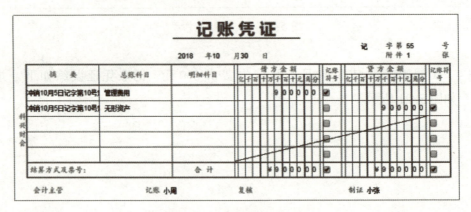

图 5-23　记账凭证十八

（2）错账更正方法是红字更正法，如图 5-24 和图 5-25 所示。

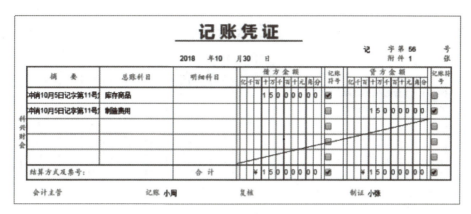

图 5-24　记账凭证十九

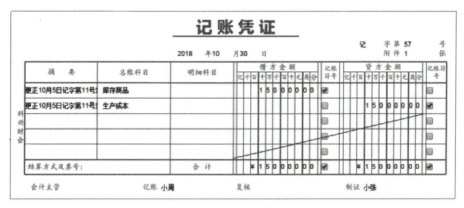

图 5-25　记账凭证二十

（3）错账更正方法是补充登记法，如图 5-26 所示。

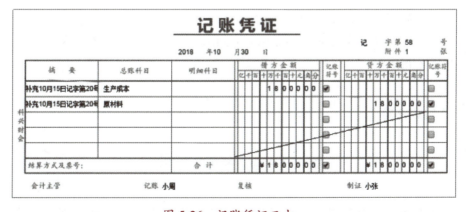

图 5-26　记账凭证二十一

（4）错账更正方法是红字更正法，如图 5-27 所示。

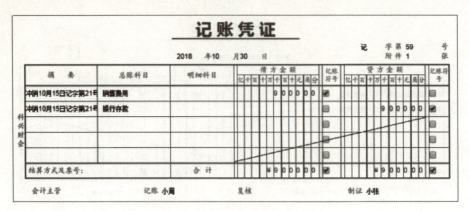

图 5-27　记账凭证二十二

（5）错账更正方法是划线更正法，如图 5-28 所示。

图 5-28　明细账二

【任务实施】

（1）完成实习会计基础与认知（CMAC 一级）配套章节练习。

（2）完成实习会计基础与认知（CMAC 一级）平台任务（参考 CMAC 试题操作指南）。

【知识拓展】

如何选用合适的错账更正法

在实务中，涉及错账调整的时候，还需要考虑错账调整的时点，是在结账前还是结账后，是否涉及跨期，是跨月还是跨年，以及是否影响当期利润。

（1）如果发生在结账前，且会计科目没错，只是金额少记，可用补充登记法直接调账；如果会计科目错误或者金额多记，则用红字更正法。

（2）如果发生在结账后，会计分录处理错误但不影响当期利润，也可以用红字更正法或补充登记法进行调账。

（3）如果发生在结账后，并影响当期利润，如果跨月则要通过"利润分配"科目进行调账，如果跨年则用"以前年度损益调整"科目进行调账。

例如，应计入原材料的 10 万元，被误计入了管理费用，即做成了：

借：管理费用　　　　　　　　　　　　　　100 000
　　贷：银行存款　　　　　　　　　　　　100 000

如果在结账前，由于是会计科目错误，故需要采用红字更正法，即用红字冲销一张凭证，再登记一张正确的记账凭证即可；

如果在当月已经结账后，很显然，根据上面的总结，因为发生在结账后且涉及跨月，并影响到当期利润，需要用"利润分配"科目调账。

借：原材料　　　　　　　　　　　　　　　100 000
　　贷：利润分配　　　　　　　　　　　　100 000

综上所述，更正账簿采用划线更正法，更正记账凭证采用红字更正法和补充登记法。如果会计科目错误或者金额多记采用红字更正法，金额少记采用补充登记法。

项目六

现金管理

任务一　学习现金管理

【任务描述】
（1）了解现金管理的概述；
（2）掌握编制现金预算的基本步骤；
（3）熟悉现金管理的"八不准"。

【知识储备】

一、现金管理的概述

（一）现金管理的概念

现金管理就是管理现金，狭义的现金管理就是管好企业的现金（包括库存现金、银行存款、银行汇票存款、银行本票存款、信用证存款、在途货币资金等）。现金是一种无法产生盈余的资产，但是为了满足日常营运的需要，企业必须在任何时刻都持有适量的现金。除了应付日常的业务活动之外，企业也需要拥有足够的现金以防不时之需，掌握商机，以及偿还贷款。

因此，现金管理十分重要，关系到企业的生存和发展。企业必须有一套管理现金的方法，掌握好在一段时间内必须持有的现金数额。现金预算是每个企业都必须做好的功课，它可以用来衡量企业在某段时间内的现金流入量与流出量。

（二）现金管理的基本原则

现金管理就是对现金的收、付、存等各环节进行的管理。依据《现金管理暂行条例》，现金管理的基本原则有：

第一，开户单位库存现金一律实行限额管理。

第二，不准擅自坐支现金。坐支现金容易打乱现金收支渠道，不利于开户银行对企业的现金进行有效的监督和管理。

第三，企业收入的现金不准作为个人储蓄存款存储。

第四，收入现金应及时送存银行。企业的现金收入应于当天送存开户银行，确有困难的，应由开户银行确定送存时间。

第五，严格按照国家规定的开支范围使用现金，结算金额超过起点的，不得使用现金。

第六，不准编造用途套取现金。企业在国家规定的现金使用范围和限额内备用现金，应从开户银行提取，提取时应写明用途，不得编造用途套取现金。

第七，企业之间不得相互借用现金。

（三）现金管理的目标

现金是企业资产中流动性最强的资产，持有一定数量的现金是企业开展正常生产活动的基础，是保证企业避免支付危机的必要条件。同时，现金又是盈利能力最弱的一项资产，过多地持有现金会降低资产的盈利能力。

现金管理主要指交易性现金的管理，其管理目标有二：在满足需要的基础上尽量减少现金的持有量；加快现金的周转速度。现金的管理要与其持有现金的动机联系起来考虑，企业持有现金的动机有以下三种：

1. 交易性动机

企业持有现金是为了满足日常生产经营的需要，企业在生产经营过程中需要购买原材料，支付各种成本费用，为了满足这些需要，企业应持有一定数量的现金。

2. 预防性动机

企业在现金管理时，要考虑到可能出现的意外情况，为了应付企业发生意外可能对现金的需要，企业要准备一定的预防性现金。

3. 投机性动机

企业的现金还可以与有价证券投资联系在一起的，即可以用多余的现金来购买有价证券,有需要时要将有价证券变现成现金。有价证券的价格与利率的关系非常紧密,一般来说,利率下降时有价证券的价格会上升利率上升时有价证券的价格会下降。当企业持有大量现金要购买有价证券时,可能由于预测利率将要上升而停止购买有价证券,这样企业就会持有一定量的现金,即投机性现金需求。

(四) 现金管理的模式

1. "收支两条线"管理模式

(1) 概念。收支两条线,顾名思义,就是对收入和支出进行分线管理。对企业来说,这是提高内部资金管理效率的常用手段。

(2) 目的。企业作为追求价值最大化的营利组织,实施"收支两条线"主要出于两个目的:第一,对企业范围内的现金进行集中管理,减少现金持有成本,加速资金周转,提高资金使用效率;第二,以实施收支两条线为切入点,通过高效的价值化管理来提高企业经济效益。

(3) 构建。构建企业"收支两条线"资金管理模式,可从规范资金的流向、流量和流程三个方面入手。

1) 资金的流向。企业"收支两条线"要求各部门或分支机构在内部银行或当地银行设立两个账户(收入户和支出户),并规定所有收入的现金都必须进入收入户(外地分支机构的收入户资金还必须及时、足额地回笼到总部),收入户资金由企业资金管理部门(内部银行或财务结算中心)统一管理,而所有的货币性支出都必须从支出户里支付,支出户里的资金只能根据一定的程序由收入户划拨而来,严禁坐支现金。

2) 资金的流量。在收入环节上要确保所有收入的资金都进入收入户,不允许有私设的账外小金库。另外,还要加快资金的结算速度,尽量压缩资金在结算环节的沉淀量;在调度环节上通过动态的现金流量预算和资金收支计划实现对资金的精确调度;在支出环节上,根据"以收定支"和"最低限额资金占用"的原则从收入户按照支出预算安排将资金定期划拨到支出户,支出户平均资金占用额应压缩到最低限度。有效的资金流量管理有助于确保收入资金及时、足额地回笼,各项费用支出受到合理的控制,以及内部资金的有效调剂。

3) 资金的流程。资金的流程是指与资金流动有关的程序和规定。它是收支两条线内部控制体系的重要组成部分,主要包括以下几个部分:①关于账户管理、货币资金安全性等规定;②收入资金管理与控制;③支出资金管理与控制;④资金内部结算管理与控制;⑤收支两条线的组织保障等。

2. 集团企业的资金集中管理模式

(1) 概念资金集中管理,也称司库制度,是指集团企业借助商业银行网上银行功能及其他信息技术手段，将分散在集团各所属企业的资金集中到总部，由总部统一调度、统一管理和统一运用。一般包括资金集中、内部结算、融资管理、外汇管理、支付管理等，其中资金集中是基础。

（2）模式现行的资金集中管理模式大致可以分为以下五种：

1）统收统支模式。在该模式下，企业的一切资金收入都集中在集团总部的财务部门，各分支机构或子公司不单独设立账号，一切现金支出都通过集团总部财务部门支付，现金收支的批准权高度集中。统收统支模式有利于企业集团实现全面收支平衡，提高资金的周转率，减少资金沉淀，监控现金收支，降低资金成本。但是该模式不利于调动成员企业开源节流的积极性，影响成员企业经营的灵活性，以致降低整个集团经营活动和财务活动的效率。

2）拨付备用金模式。拨付备用金模式是指集团按照一定的期限统拨给所有所属分支机构或分公司备其使用的一定数额的现金。等各分支机构或分公司发生现金支出后，持有关凭证到集团财务部门报销以补足备用金。

3）结算中心模式。结算中心通常是由企业集团内部设立的，是办理内部各成员或分公司现金收付和往来结算业务的专门机构。它通常设立于财务部门内，是一个独立运行的职能机构。

4）内部银行模式。内部银行是将社会银行的基本职能与管理方式引入企业内部管理机制而建立起来的一种内部资金管理机制，其主要职责是进行企业或集团内部日常的往来结算和资金调拨、运筹。

5）财务公司模式。财务公司是一种经营部分银行业务的非银行金融机构。经中国银行业监督管理委员会批准，财务公司经营范围如下（第二十八条）：

①对成员单位办理财务和融资顾问、信用鉴证及相关的咨询、代理业务。②协助成员单位实现交易款项的收付；③经批准的保险代理业务；④对成员单位提供担保；⑤办理成员单位之间的委托贷款；⑥对成员单位办理票据承兑与贴现；⑦办理成员单位之间的内部转账结算及相应的结算、清算方案设计；⑧吸收成员单位的存款；⑨对成员单位办理贷款及融资租赁；⑩从事同业拆借。

二、现金管理的管理方法

（一）制度管理

1. 要遵守国家关于现金管理的规定

国家关于现金的管理制度主要包括现金的使用范围、库存现金的限额、现金的存取规定等。

2. 要建立企业内部关于现金管理的制度

企业内部现金管理制度包括专人管理制度、现金登记制度和内部审计制度。

（二）预算管理

将现金预算作为管理现金活动的标准。现金预算主要包括现金收入管理、现金支出管理、现金余额管理等。利用预算管理能够提高企业的整体管理水平。

预算管理的一般操作步骤如下：

（1）预测营业额。

（2）预估为了达到预期销售水平所需的存货。

（3）安排进货时间与付款时间。

（4）估计销售落实的时间以及客户的付款时间。

（5）估计工资等其他费用的支付日期。

（6）综合上述资料，编制现金预算方案。

（三）收支管理

收支管理主要包括两个方面：一是加速收款，采取一些技术手段尽量使现金回收的时间缩短。二是控制现金支出，在不影响企业信誉的情况下，尽可能推迟款项的支付，利用好银行存款的浮游量。

三、现金管理的财务管理

企业置存现金的原因，主要是满足交易性需要、预防性需要和投机性需要。

企业如果缺乏必要的现金，将不能应付业务开支，使企业蒙受损失。企业由此而造成的损失，称为短缺现金成本。短缺现金成本不考虑企业其他资产的变现能力，仅就不能以充足的现金支付购买费用而言，内容上大致包括丧失购买机会（甚至会因缺乏现金不能及时购买原材料，而使生产中断造成停工损失）、造成信用损失和得不到折扣好处。其中失去信用而造成的损失难以准确计量，但其影响往往很大，甚至可能导致供货方拒绝或拖延供货、债权人要求清算等。但是，如果企业置存过量的现金，又会因这些资金不能投入周转无法取得盈利而遭受另一些损失。此外，在市场正常的情况下，一般来说，流动性强的资产，其收益性较低，这意味着企业应尽可能少地置存现金，即使不将其投入本企业的经营周转，也应尽可能多地投资于能产生高收益的其他资产，避免资金闲置或用于低收益资产而带来的损失。可见，企业面临着现金不足和现金过量两方面的风险。企业现金管理的目标，就是要在资产的流动性和盈利能力之间作出抉择，以获取最大的长期利润。

（一）现金管理的实际操作要求

现金管理的目的在于提高现金使用效率，为达到这一目的，应当注意做好以下四个方面工作：

1. 力争现金流量同步

如果企业能尽量使它的现金流入与现金流出发生的时间趋于一致，就可以使其所持有的交易性现金余额降到最低水平。

2. 使用现金浮游量

从企业开出的支票，收票人收到支票并存入银行，至银行将款项划出企业账户，中间需要一段时间。现金在这段时间的占用称为现金浮游量。在这段时间里，尽管企业已开出了支票，却仍可动用在活期存款账户上的这笔资金。不过，在使用现金浮游量时，一定要控制好使用的时间，否则会发生银行存款的透支。

3. 加速收款

加速收款是指缩短应收账款的时间。发生应收账款会增加企业资金的占用，但它又是必要的，因为它可以扩大销售规模，增加销售收入。问题在于如何既利用应收账款吸引顾客，又缩短收款时间。这要在两者之间找到适当的平衡点，并需实施妥善的收账策略。

4. 推迟应付账款的支付

推迟应付账款的支付，是指企业在不影响自己信誉的前提下，尽可能地推迟应付款的支付期，充分运用供货方所提供的信用优惠。如遇企业急需现金，甚至可以放弃供货方的折扣优惠，在信用期的最后一天支付款项。当然，这要根据折扣优惠与急需现金之间的利弊得失而定。

（二）最佳现金持有量的确定方法

除了做好日常收支，加速现金流转速度外，现金管理还需控制好现金持有规模，即确定适当的现金持有量。下面是确定最佳现金持有量的方法。

1. 成本分析模式

成本分析模式是通过分析持有现金的成本，寻找持有成本最低的现金持有量。

企业持有现金会有三种成本：

（1）机会成本。现金作为企业的一项资金占用，是有代价的，这种代价就是它的机会成本。现金资产的流动性极佳，但盈利性极差。持有现金则不能将其投入生产经营活动，失去因此而获得的收益。企业为了经营业务，有必要持有一定的现金，以应付意外的现金需要。但现金拥有量过多，机会成本就会大幅度上升，就不合算了。

（2）管理成本。企业拥有现金会发生管理费用，如管理人员工资、安全措施费等。这些费用是现金的管理成本。管理成本是一种固定成本，与现金持有量无明显的比例关系。

（3）短缺成本。现金的短缺成本是因缺乏必要的现金不能应付业务开支所需，而使企业蒙受的损失或为此付出的代价。现金的短缺成本随现金持有量的增加而下降，随现金持有量的减少而上升。

上述三项成本之和最小的现金持有量，就是最佳现金持有量。

2. 存货模式

由上可知，企业平时持有较多的现金会降低现金的短缺成本，但也会增加现金占用的机会成本；而平时持有较少的现金，则会增加现金的短缺成本，却能减少现金占用的机会成本。如果企业平时只持有较少的现金，在有现金需要时（如手头的现金用尽），通过出售有价证券换回现金（或从银行借入现金），便能既满足现金的需要，避免短缺成本，又能减少机会成本。因此，适当的现金与有价证券之间的转换，是企业提高资金使用效率的有效途径。这与企业奉行的营运资金政策有关。采用宽松的投资政策，保留较多的现金则转换次数少。如果经常进行大量的有价证券与现金的转换，则会加大转换交易成本，因此如何确定有价证券与现金的每次转换量，是一个需要研究的问题。这可以应用现金持有量的存货模式解决。现金持有量的存货模式又称鲍曼模型，是用以确定目标现金持有量的模型。

企业每次以有价证券换回现金是要付出代价的（如支付经纪费用），这被称为现金的交易成本。现金的交易成本与现金转换次数、每次的转换量有关。假定现金每次的交易成本是固定的，在企业一定时期现金使用量确定的前提下，每次以有价证券转换回现金的金额越大，企业平时持有的现金量便越大，转换的次数便越少，现金的交易成本就越低；反之，每次转换回现金的金额越小，企业平时持有的现金量便越小，转换的次数会越多，现金的交易成本就越高，现金交易成本与持有量成反比。

3. 随机模式

随机模式是在现金需求量难以预知的情况下进行现金持有量控制的方法。对企业来讲，现金需求量往往波动大且难以预知，但企业可以根据历史经验和现实需要，测算出现金持有量的控制范围，即制定出现金持有量的上限和下限，将现金量控制在上下限之内。当现金量达到控制上限时，用现金购入有价证券，使现金持有量下降；当现金量降到控制下限时，则抛售有价证券换回现金，使现金持有量回升。若现金量在控制的上下限之内，便不必进行现金与有价证券的转换，保持它们各自的现有存量。

四、现金管理的"八不准"

按照《现金管理暂行条例》及其实施细则的规定,企业、事业单位和机关、团体、部队应遵守"现金管理八不准":

(1)不准用不符合财务制度的凭证顶替库存现金。
(2)不准单位之间相互借用现金。
(3)不准谎报用途套取现金。
(4)不准利用银行账户代其他单位和个人存入或支取现金。
(5)不准将单位收入的现金以个人名义存入储蓄。
(6)不准保留账外公款(即小金库)。
(7)不准发行变相货币。
(8)不准以任何票券代替人民币在市场上流通。

开户单位如有违反现金管理"八不准"中的任何一条,开户银行有权按照《现金管理暂行条例》的规定,责令其停止违法活动,并根据情节轻重给予警告或罚款。

【任务实施】
(1)完成实习会计基础与认知(CMAC 一级)配套章节练习。
(2)完成实习会计基础与认知(CMAC 一级)平台任务(参考 CMAC 试题操作指南)。

任务二 了解《现金管理暂行条例实施细则》

【任务描述】
(1)了解现金管理的对象;
(2)熟悉现金管理的机构;
(3)掌握现金收支管理;
(4)了解开户银行现金管理的权限;
(5)了解现金管理的处罚。

【知识储备】

现金管理暂行条例实施细则

第一条 为了更好地贯彻执行国务院 1988 年发布的《现金管理暂行条例》，特制定本细则。

第二条 凡在银行和其他金融机构（以下简称开户银行）开立账户的机关、团体、部队、企业、事业单位（以下简称开户单位），必须执行本细则，接受开户银行的监督。开户银行包括：各专业银行，国内金融机构，经批准在中国境内经营人民币业务的外资、中外合资银行和金融机构。企业包括：国营企业、城乡集体企业（包括村办企业）、联营企业、私营企业（包括个体工商户、农村承包经营户）。

中外合资和合作经营企业原则上执行本细则，具体管理办法由人民银行各省、自治区、直辖市分行根据当地实际情况制订。

部队、公安系统所属的保密单位和其他保密单位的现金管理，原则上执行本细则。具体管理办法和其他单位可以有所区别（见第四条第二款）。

第三条 中国人民银行总行是现金管理的主管部门。各级人民银行要严格履行金融主管机关的职责，负责对开户银行的现金管理进行监督和稽核。

开户银行负责现金管理的具体执行，对开户单位的现金收支、使用进行监督管理。

一个单位在几家银行开户的，只能在一家银行开设现金结算户，支取现金，并由该家银行负责核定现金库存限额和进行现金管理检查。当地人民银行要协同各开户银行，认真清理现金结算账户，负责将开户单位的现金结算户落实到一家开户银行。

第四条 各开户单位的库存现金都要核定限额。库存现金限额应由开户单位提出计划，报开户银行审批。经核定的库存现金限额，开户单位必须严格遵守。

部队、公安系统的保密单位和其他保密单位的库存现金限额的核定和现金管理工作检查事宜，由其主管部门负责，并由主管部门将确定的库存现金限额和检查情况报开户银行。

各开户单位的库存现金限额，由于生产或业务变化，需要增加或减少时，应向开户银行提出申请，经批准后再行调整。

第五条 开户银行根据实际需要，原则上以开户单位 3 天至 5 天的日常零星开支所需核定库存现金限额。边远地区和交通不发达地区的开户单位的库存现金限额可以适当放宽，但最多不得超过 15 天的日常零星开支。

对没有在银行单独开立账户的附属单位也要实行现金管理，必须保留的现金，也要核定限额，其限额包括在开户单位的库存限额之内。

商业和服务行业的找零备用现金也要根据营业额核定定额,但不包括在开户单位的库存现金限额之内。

第六条 开户单位之间的经济往来,必须通过银行进行转账结算。根据国家有关规定,开户单位只可在下列范围内使用现金:

(一)职工工资、各种工资性津贴;

(二)个人劳务报酬,包括稿费和讲课费及其他专门工作报酬;

(三)支付给个人的各种奖金,包括根据国家规定颁发给个人的各种科学技术、文化艺术、体育等各种奖金;

(四)各种劳保、福利费用以及国家规定的对个人的其他现金支出;

(五)收购单位向个人收购农副产品和其他物资支付的价款;

(六)出差人员必须随身携带的差旅费;

(七)结算起点以下的零星支出;

(八)确实需要现金支付的其他支出(见第十一条第四项)。

第七条 结算起点为1000元,需要增加时由中国人民银行总行确定后,报国务院备案。

第八条 除本条例第六条第(五)(六)项外,开户单位支付给个人的款项中,支付现金每人一次不得超过1000元,超过限额部分,根据提款人的要求在指定的银行转为储蓄存款或以支票、银行本票支付。确需全额支付现金的,应经开户银行审查后予以支付。

第九条 转账结算凭证在经济往来中具有同现金相同的支付能力。开户单位在购销活动中,不得对现金结算给予比转账结算优惠的待遇;不得只收现金拒收支票、银行汇票、银行本票和其他转账结算凭证。

第十条 开户单位购置国家规定的社会集团专项控制商品,必须采取转账方式,不得使用现金,商业单位也不得收取现金。

第十一条 开户单位现金收支按下列规定办理:

(一)开户单位收入现金应于当日送存开户银行,当日送存确有困难的,由开户银行确定送存时间;

(二)开户单位支付现金,可以从本单位现金库存中支付或者从开户银行提取,不得从本单位的现金收入中直接支付(即坐支);

需要坐支现金的单位,要事先报经开户银行审查批准,由开户银行核定坐支范围和限额。坐支单位必须在现金账上如实反映坐支金额,并按月向开户银行报送坐支金额和使用情况;

(三)开户单位根据本细则第六条和第七条的规定,从开户银行提取现金的,应当如实写明用途，由本单位财会部门负责人签字盖章，并经开户银行审查批准，予以支付；

（四）因采购地点不确定、交通不便、抢险救灾以及其他特殊情况，办理转账结算不够方便，必须使用现金的开户单位，要向开户银行提出书面申请，由本单位财会部门负责人签字盖章，开户银行审查批准后，予以支付现金。

第十二条 开户单位必须建立健全现金账目，逐笔记载现金收付，账目要日清月结，做到账款相符。不准用不符合财务制度的凭证顶替库存现金；不准单位之间相互借用现金，不准谎报用途套取现金；不准利用银行账户代其他单位和个人存入或支取现金；不准将单位收入的现金以个人名义存入储蓄；不准保留账外公款（即小金库）；禁止发行变相货币，不准以任何票券代替人民币在市场上流通。

第十三条 对个体工商户、农村承包户发放的贷款，应以转账方式支付；对于确需在集市使用现金购买物资的，由承贷人提出书面申请，经开户银行审查批准后，可以在贷款金额内支付现金。

第十四条 在银行开户的个体工商户、农村承包经营户异地采购的贷款，应当通过银行以转账方式进行结算。因采购地点不确定、交通不方便必须携带现金的，由客户提出申请，开户银行根据实际需要予以支付现金。

未在银行开户的个体工商户、农村承包经营户异地采购，可以通过银行以汇兑方式支付。凡加盖"现金"字样的结算凭证，汇入银行必须保证支付现金。

第十五条 具备条件的银行应当积极开展代发工资、转存储蓄业务。

第十六条 为保证开户单位的现金收入及时送存银行，开户银行必须按照规定做好现金收款工作，不得随意缩短收款时间。大中城市和商业比较集中的地区，要建立非营业时间收款制度。

第十七条 开户银行应当加强柜台审查，定期和不定期地检查开户单位执行国务院《现金管理暂行条例》和本细则的情况，并按规定向其上级单位和当地人民银行报告现金管理情况。

各级人民银行要定期不定期地对同级专业银行和其他金融机构（包括经营人民币业务的外资、中外合资银行和金融机构）的现金管理情况进行检查监督，并及时解决有关现金管理中的问题。

各开户单位要向银行派出的检查人员提供有关资料，如实反映情况。

第十八条 各开户单位的主管部门要定期和不定期地检查所属单位执行国务院《现金管理暂行条例》和本细则的情况，发现问题及时纠正，并将检查情况书面通知开户银行。

第十九条 各级银行要支持敢于坚持原则、严格执行现金管理的财会人员，对模范遵守国务院《现金管理暂行条例》和本细则的单位和个人应给予表彰和奖励。

第二十条 开户单位如违犯《现金管理暂行条例》，开户银行有权责令其停止违法活动，并根据情节轻重给予警告或罚款。

有下列情况之一的，给予警告或处以罚款：

（一）超出规定范围和限额使用现金的，按超过额的10%～30%处罚；

（二）超出核定的库存现金限额留存现金的，按超出额的10%～30%处罚；

（三）用不符合财务制度规定的凭证顶替库存现金的，按凭证额10%～30%处罚；

（四）未经批准坐支或者未按开户银行核定坐支额度和使用范围坐支现金的，按坐支金额的10%～30%处罚；

（五）单位之间互相借用现金的，按借用金额10%～30%处罚。

有下列情况之一的，一律处以罚款：

（六）保留账外公款的，按保留金额10%～30%处罚；

（七）对现金结算给予比转账结算优惠待遇的，按交易额的10%～50%处罚；

（八）只收现金拒收支票、银行汇票、本票的，按交易额的10%～50%处罚；

（九）开户单位不采取转账结算方式购置国家规定的专项控制商品的，按购买金额50%至全额对买卖双方处罚；

（十）用转账凭证套取现金的，按套取金额30%～50%处罚；

（十一）编造用途套取现金的，按套取金额30%～50%处罚；

（十二）利用账户替其他单位和个人套取现金的，按套取金额30%～50%处罚；

（十三）将单位的现金收入以个人储蓄方式存入银行的，按存入金额30%～50%处罚；

（十四）发行变相货币和以票券代替人民币在市场流通的，按发行额或流通额30%～50%处罚。

第二十一条 中国人民银行各省、自治区、直辖市分行根据本细则第二十条的原则和当地实际情况制订具体处罚办法。所得的罚没款项一律上缴国库。

第二十二条 开户单位如对开户银行的处罚决定不服，必须首先按照处罚决定执行，然后在10日内向当地人民银行申请复议；各级人民银行应自收到复议申请之日起30日内作出复议决定。开户单位如对复议决定不服，应自收到复议决定之日起30日内向人民法院起诉。

第二十三条 开户银行不执行或违犯《现金管理暂行条例》及本细则，由当地人民银行负责查处；当地人民银行根据其情节轻重，可给予警告、追究行政领导责任直至停止其办理现金结算业务等处罚。

银行工作人员违犯《现金管理暂行条例》和本细则，徇私舞弊、贪污受贿、玩忽职守纵容违法行为的，根据情节轻重给予行政处分和经济处罚；构成犯罪的，由司法机关依法追究刑事责任。

第二十四条 各开户银行要建立健全现金管理制度，配备专职人员，改进工作作风，改善服务设施，方便开户单位。现金管理工作所需经费应当在各开户银行业务费用中解决。

第二十五条 现金管理工作政策性强、涉及面广，各级银行要加强调查研究，根据实际情况，实事求是地解决各种问题，及时满足单位正常的、合理的现金需要。

第二十六条 本细则由中国人民银行总行负责解释。

本细则自1988年10月1日起施行，过去发布的各项规定同时废除，一律以《现金管理暂行条例》和本细则为准。

【任务实施】

（1）完成实习会计基础与认知（CMAC一级）配套章节练习。

（2）完成实习会计基础与认知（CMAC一级）平台任务（参考CMAC试题操作指南）。

【知识拓展】

财务公司与结算中心的比较

集团公司的资金集中管理模式多种多样，但由于传统模式的局限性较大，对分公司和子公司的自身发展产生了阻碍，不符合集团公司长期发展要求，且当前在实践中运用较多的还是财务公司管理模式与结算中心管理模式。在实务调查中，企业对财务公司和结算中心的模式表现出更大的兴趣，因此，本文集中比较了两种管理形式的异同和应用条件。

一、设立条件比较

根据《企业集团财务公司管理办法》和《申请设立企业集团财务公司操作规程》的规定，集团公司如果想要设立财务公司，首先，需要经过银监会的审查批准，领取金融许可证；其次，需要到工商登记机关注册登记，领取法人营业执照。申请设立财务公司的集团公司和财务公司自身应当具备诸多条件，其中包括对注册资金、资产总额、净资产率、营业收入、利润总额、现金流量等多方面的要求。

与财务公司不同的是，集团公司计划设立结算中心时，由于结算中心本质上是隶属于集团财务部门的一个负责资金往来结算业务的机构,并不是独立法人,所以设立的条件相对来说也更加宽松,没有严格的设立标准,而是根据企业自身需要,对财务系统进行衡量,以确定是否需要、是否有条件设立结算中心。

申请设立财务公司和设立结算中心的集团公司必须具备的具体条件对比,如图6-1所示。

设立财务公司的条件	设立结算中心的条件
1. 符合产业政策 2. 注册资本金符合标准	1. 高素质的财务人员
3. 成员单位资产总额与净资产率符合标准 4. 良好的财务状况 5. 稳定的现金流量 6. 成熟的财务资金管理经验	2. 完善的财务管理机制
7. 健全的公司治理结构 8. 资信良好 9. 真实合法的资金来源 10. 其他审慎性条件	3. 准确及时的会计信息

图6-1 集团公司设立财务公司与结算中心的条件比较

二、主要功能比较

作为资金集中管理的核心中枢,财务公司能够为集团总部及下属分公司和子公司服务,实现和结算中心同样的结算功能、资金融通功能、监督功能、扩大信用功能等若干功能。除此以外,财务公司的主要功能还包括筹资融资功能、投资管理功能、中介顾问功能等。

筹资融资功能:随着集团公司规模的扩大,为了满足日益增长的资金需求,财务公司除了可以在集团内部进行资金的调配外,也可以通过办理同业拆借等业务,从外部吸收资金作为补充,为集团公司上下游的产业链融资。

投资管理功能:财务公司提高集团资金利用效率的手段不限于将集团内部的有限资金流通起来,还可以将其整合后用于对外投资,利用资本市场获取收益。

中介顾问功能:财务公司可以发挥其金融中介的作用,为集团的客户提供信贷服务,也可以综合衡量双方条件,提供必要的金融信息,为集团和客户提出专业的投融资建议,担任风险顾问的角色。

结算中心主要有四大功能:结算功能、资金融通功能、监督功能和扩大信用功能。

结算功能：结算中心服务于集团公司总部及下属分公司和子公司，为其开立结算账户，并统一管理各分公司和子公司在不同银行开设的账户，以实现整个集团资金的集中结算。

资金融通功能：结算中心类似于集团内部的金融机构，资金通过结算中心在集团内部调配，通过这样的资金融通，实现了集团内部资金的优化配置，互相调余补缺，提高了资金的使用效率。

监督功能：由于集团公司规模庞大，分公司和子公司较多，层次结构繁杂，管理链条长，信息传递效率低下，容易产生信息不对称问题，总部想要及时掌握集团整体经营状况也有困难。通过结算中心统一管理调配分公司和子公司的资金，可以让集团总部从信息的接收者变为发出者，在第一时间了解分公司和子公司的经营活动，从而实现对整个集团业务行为的监督。

扩大信用功能：考虑到集团的分公司和子公司中存在着发展实力差距，成立时间、业务范围、经营状况等不同都会导致分公司和子公司本身的资信不同，同时面临资金缺口时，就会发生有的公司容易获得支持而有的公司难以得到授信的情况。结算中心出面与银行打交道，可以避免上述阻碍，直接以集团的名义寻求银行的信贷支持，能够起到扩大信用的作用。

综上所述，对财务公司与结算中心的主要功能简单总结，如图6-2所示。

财务公司的主要功能	结算中心的主要功能
传统功能：同结算中心	结算：开立结算账户，统一管理账户
筹融资：同业拆借	资金融通：归集闲置资金，调节缺口
投资管理：整合资金，对外投资	监督：信息中枢，及时监督
中介顾问：金融中介，风险顾问	扩大信用：忽略资信差异，集团出面贷款

图6-2 财务公司与结算中心主要功能对比

三、业务范围比较

银监会对财务公司业务范围有明确规定，财务公司可以在对成员单位的服务中从事包括财务顾问、相关资讯、款项收付、保险代理、提供担保、委托贷款、吸收存款、同业拆借等业务。关于结算中心可以从事何种业务，我国暂时没有明确规定，根据我国集团公司在设立结算中心时的目的与运营情况来看，结算中心的核心业务主要集中在结算、融资、账户管理、资金计划等方面。财务公司与结算中心的主要区别在于，结算中心不得从事同业拆借业务。

四、人员比较

按照银监会的规定，财务公司职员中从事金融或财务工作 3 年以上的人员应当不低于总人数的 2/3，其中从事金融或者财务工作 5 年以上的人员应当不低于总人数的 1/3。而结算中心通常按照财务部门内部控制要求进行分配，与财务公司相比对专业人员的需求略少。

五、税负比较

由于财务公司与结算中心主体性质上的区别，财务公司作为独立法人，在经营活动中应当按照金融企业标准依法纳税，这样一来财务公司的成立对于整个集团公司起到了增加税赋的效果。而结算公司的收益归属于集团，与集团日常经营活动中的收入盈亏相抵后计算应纳税所得额。所以，当集团公司享受优惠税率或者集团本部处于亏损状态时，财务公司的成立所带来的税赋增加更为明显。

六、对成员企业贷款效率比较

财务公司要接受银监会的全面监管，如同商业银行一样，贷款要接受审查批准，报送各种材料，包括成员单位的资信情况、财务公司自身情况及各种监管指标，手续繁杂，所需时间长，灵活性较差。结算中心对成员单位的贷款速度快、时间短，一般接到成员单位申请后短时间内就能完成，并且手续简便，只需成员单位提供一份借款申请即可，能做到高效率地为成员单位服务。

七、管控功能比较

财务公司作为独立法人，在运作过程中更多地遵循市场规律，在实施核心的资金集中管理工作的同时，也存在自身的盈利目标。而结算中心作为专业的、隶属于集团财务部门的资金管理机构，承担着对分公司和子公司进行日常监督和指导的工作，其管理目标与集团利益完全一致，可以直接对分公司和子公司的资金往来活动进行干预，比起财务公司更加有利于对分公司和子公司经营行为的管控。

项目七

发票管理

任务一 了解发票管理

【任务描述】
(1) 了解发票管理的概念；
(2) 熟悉发票的类型；
(3) 掌握发票的基本内容。

【知识储备】

本部分内容根据2010年12月20日《国务院关于修改〈中华人民共和国发票管理办法〉的决定》修订自2011年2月1日起施行的《中华人民共和国发票管理办法》，2014年12月19日通过的《国家税务总局关于修改〈中华人民共和国发票管理办法实施细则〉的决定》修订、自2015年3月1日实施的《中华人民共和国发票管理办法实施细则》，以及2018年6月15日发布的《国家税务总局关于修改税务部门规章的决定》编写。

一、发票管理

发票管理是税务机关对生产经营单位和个人经营活动中所开具的商品销售和营业收入凭证进行的管理。

随着市场经济的发展和商品流通的不断扩大,发票在整个社会经济活动中,特别是在税收征管及财务管理中所起的作用越来越大。其作用主要表现在以下方面:

1. 发票是记录经营活动的一种原始证明

由于发票上载明的经济事项较为完整,既有填制单位印章,又有经办人签章,还有监制机关、字轨号码、发票代码等,具有法律证明效力。它为工商部门检查经济合同,处理合同纠纷,为法院裁定民事诉讼,为消费者向销货方要求调换、退货、修理商品,为公安机关核发车船牌照,为保险公司理赔等,提供了重要依据。所以消费者个人养成主动索取发票的习惯是维护自身合法权益的保障。

2. 发票是加强财务会计管理,保护国家财产安全的重要手段

发票是会计核算的原始凭证,正确填制发票是进行会计核算的基础。只有填制合法、真实的发票,会计核算资料才会真实可信,会计核算质量才有可靠的保证,提供的会计信息才会准确、完整。

3. 发票是税务稽查的重要依据

发票一经开具,票面上便载明征税对象的名称、数量、金额,为计税基数提供了可靠的原始依据;发票还为计算应税所得额、应税财产提供了必备资料。离开了发票,要准确计算应纳税额是不可能的,所以税务稽查往往从检查发票入手。

4. 发票是维护社会秩序的重要工具

发票具有证明作用,在一定条件下又有合同的性质。多年的业务实践证明,各类发票违法行为,不仅与偷税骗税有关,还与社会秩序的诸多方面,如投机倒把、贪污受贿、走私贩私等案件关系甚大。发票这一道防线一松,将为经济领域的违法犯罪打开方便之门。

所以,管好发票,不仅是税务机关的责任,也需整个社会的共同参与。

二、发票管理单位

(1)国务院税务主管部门统一负责全国的发票管理工作。
(2)省、自治区、直辖市税务机关。

三、发票类型

1. 增值税专用发票

增值税专用发票是增值税一般纳税人销售货物或者提供应税劳务开具的发票,是购买方支付增值税额并可按照增值税有关规定据以抵扣增值税进项税额的凭证,如

图 7-1 所示。

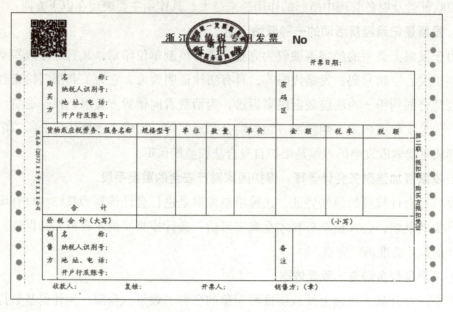

图 7-1　增值税专用发票

2. 增值税普通发票

增值税普通发票（含电子普通发票、卷式发票、通行费发票），是增值税纳税人销售货物或者提供应税劳务、服务时，通过增值税税控系统开具的普通发票，如图 7-2~图 7-5 所示。

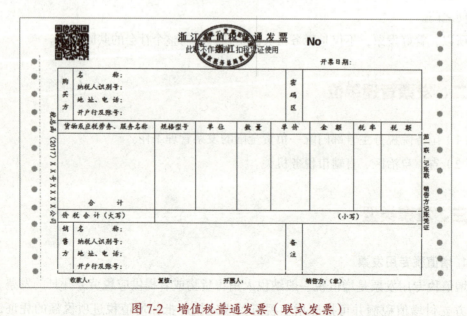

图 7-2　增值税普通发票（联式发票）

XX增值税电子普通发票

机器编号：

发票代码：
发票号码：
开票日期：
校验码：

购买方	名称： 纳税人识别号： 地址、电话： 开户行及账号：				密码区		
货物或应税劳务、服务名称	规格型号	单位	数量	单价	金额	税率	税额
合计							
价税合计（大写）					（小写）		
销售方	名称： 纳税人识别号： 地址、电话： 开户行及账号：				备注		

收款人： 复核： 开票人： 销售方：（章）

图 7-3 增值税电子普通发票

XX增值税电子普通发票

通行费

机器编号：

发票代码：
发票号码：
开票日期：
校验码：

购买方	名称： 纳税人识别号： 地址、电话： 开户行及账号：				密码区		
项目名称	车牌号	类型	通行日期起	通行日期止	金额	税率	税额
合计							
价税合计（大写）					（小写）		
销售方	名称： 纳税人识别号： 地址、电话： 开户行及账号：				备注		

收款人： 复核： 开票人： 销售方：（章）

图 7-4 增值税普通发票（通行费）

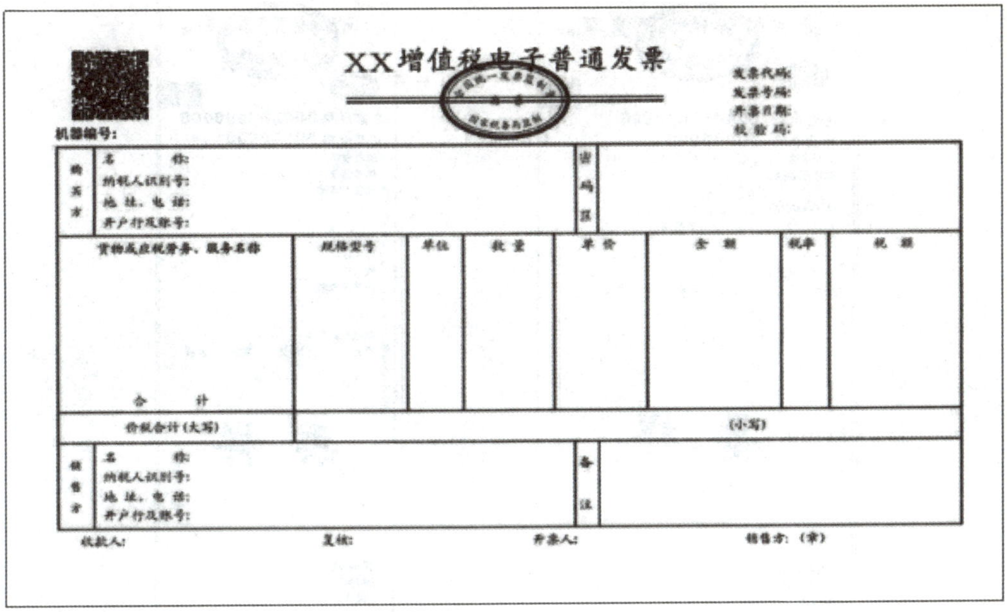

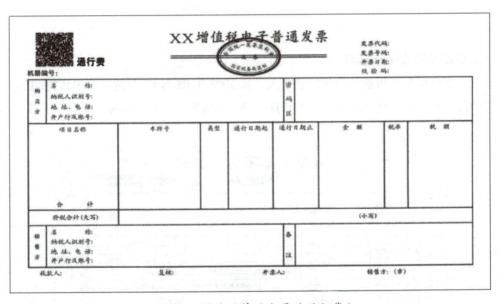

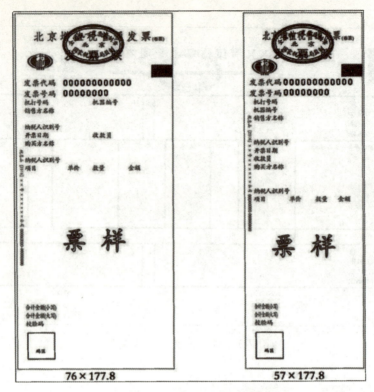

图 7-5 增值税普通发票(卷式发票)

3. 机动车销售统一发票

凡从事机动车零售业务的单位和个人,从 2007 年 08 月 01 日起,在销售机动车(不包括销售旧机动车)收取款项时均需开具机动车销售统一发票,如图 7-6 所示。

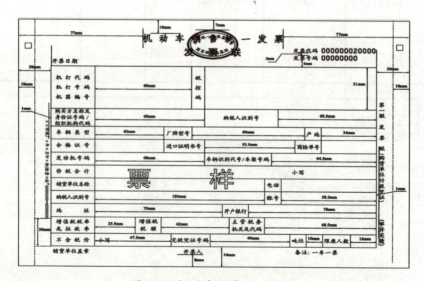

图 7-6 机动车销售统一发票

4. 二手车销售统一发票

二手车经销企业、经纪机构和拍卖企业，在销售、中介和拍卖二手车收取款项时，需通过开票软件开具二手车销售统一发票。如图 7-7 所示。

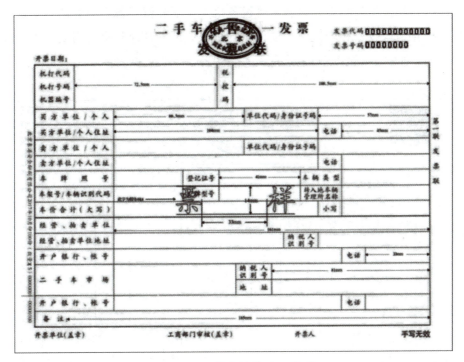

图 7-7　二手车销售统一发票

四、发票基本内容

发票基本内容包括：

（1）发票名称；（2）发票代码和号码；（3）联次及用途；（4）客户名称；（5）开户银行及账号；（6）商品名称或经营项目；（7）计量单位、数量、单价、大小写金额；（8）开票人、开票日期、开票单位（个人）名称（章）等。

省以上税务机关可根据经济活动以及发票管理需要，确定发票的具体内容。

五、增值税专用发票

一般纳税人应通过增值税防伪税控系统使用专用发票，包括领购、开具、缴销、认证纸质专用发票及其相应的数据电文。

(一)增值税专用发票的联次

增值税专用发票由基本联次或者基本联次附加其他联次构成,基本联次为三联:发票联、抵扣联和记账联。发票联,作为购买方核算采购成本和增值税进项税额的记账凭证;抵扣联,作为购买方报送主管税务机关认证和留存备查的凭证;记账联,作为销售方核算销售收入和增值税销项税额的记账凭证。其他联次的用途,由一般纳税人自行确定,如图7-8至图7-10所示。

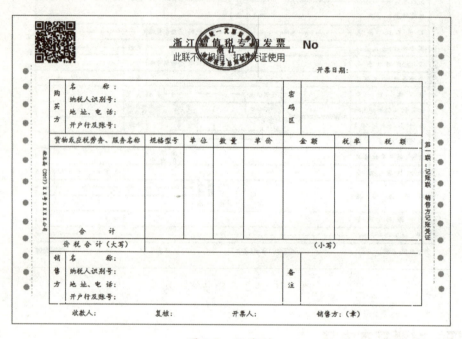

图7-8 记账联

(二)增值税专用发票的开票限额

增值税专用发票(增值税税控系统)实行最高开票限额管理。最高开票限额是指单份专用发票开具的销售额合计数不得达到的上限额度。

最高开票限额由一般纳税人申请,由区县税务机关依法审批。一般纳税人申请最高开票限额时,需填报《税务行政许可申请表》《增值税专用发票最高开票限额申请单》。主管税务机关受理纳税人申请以后,可根据需要进行实地查验。实地查验的范围和方法由各省税务机关确定。

税务机关应根据纳税人实际生产经营和销售情况进行审批,保证纳税人生产经营的正常需要。

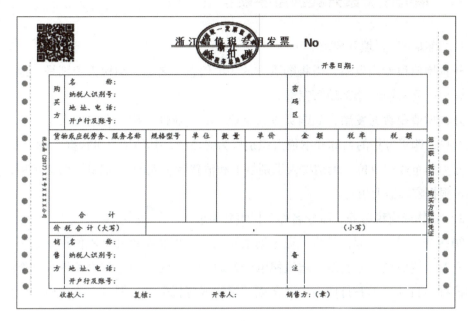

图 7-9　抵扣联

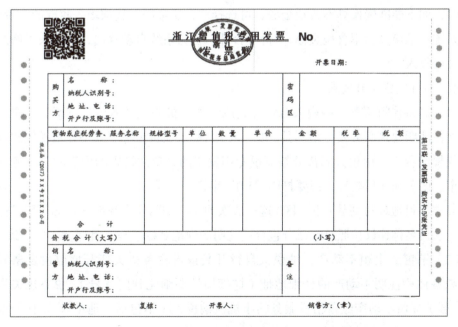

图 7-10　发票联

六、增值税发票开具注意事项

1. "购买方"栏填开要求

开具增值税专用发票,需将购买方的4项信息(名称,纳税人识别号,地址,电话,开户行及账号)全部填写完整。

开具增值税普通发票,如购买方为企业、非企业性单位(有纳税人识别号)和个体工商户,购买方栏的名称和纳税人识别号为必填项,其他项目可根据实际需要填写;购买方为非企业性单位(无纳税人识别号)和消费者个人的,"名称"为必填项,其他项目可根据实际需要填写。

2. "货物或应税劳务、服务名称"栏填开要求

2018年1月1日起,纳税人通过增值税发票管理新系统开具增值税发票(增值税专用发票、增值税普通发票、增值税电子普通发票)时,商品和服务税收分类编码对应的简称会自动显示并打印在发票票面"货物或应税劳务、服务名称"或"项目"栏次中。

3. "金额"和"价税合计"栏填开要求

纳税人开具增值税发票时,"金额"栏应填写不含税金额。纳税人在开具增值税发票时,如不能准确换算不含税金额,可选择"含税金额"选项填入收取的含税收入,开票系统自动换算为不含税金额,"价税合计"栏为系统自动算出,不能人工修改,应等于含税收入。

4. "备注"栏填开要求

(1)提供建筑服务,纳税人自行开具或者税务机关代开增值税发票时,应在发票的备注栏注明建筑服务发生地的县(市、区)名称及项目名称。其中异地提供建筑服务的小规模纳税人,由税务局代开增值税专用发票的,备注栏中的内容除了服务发生地县(市、区)和项目名称,还要打印"YD"字样。

其中项目地址写到县(市、区)这一层次即可,如西安市高新区,无须到具体的门牌号;项目名称建议按照总包或分包合同注明的规范名称填写,且保持前后一致。

(2)销售或出租不动产,纳税人自行开具或者税务机关代开增值税发票时,应在发票备注栏注明不动产的详细地址(详细地址要细化到门牌号)。税务机关为跨县(市、区)提供不动产经营租赁服务的小规模纳税人(不包括其他个人),代开增值税发票时,还要在发票备注栏中自动打印"YD"字样。

(3)纳税人提供货物运输服务,使用增值税专用发票和增值税普通发票的,开具发票时应将起运地、到达地、车种车号以及运输货物信息等内容填写在发票备注栏中,如内容较多可另附清单。

5.其他栏次填开要求

"规格型号""单位""数量""单价"栏可按实际业务填写,无此项目可不填。"收款人""复核"栏可按实际需要填写,"开票人"栏为必填项,"销售方(章)"栏应加盖发票专用章。

【任务实施】

(1)完成实习会计基础与认知(CMAC一级)配套章节练习。

(2)完成实习会计基础与认知(CMAC一级)平台任务(参考CMAC试题操作指南)。

任务二　学习发票的领购流程

【任务描述】
(1)了解领购发票的条件;
(2)熟悉领购发票的流程。

【知识储备】

一、领购发票的条件

(一)发票领购资格

依法办理统一社会信用代码的营业执照或登记的单位和个人,在领取加载统一社会信用代码的营业执照或登记证件原件后,向主管税务机关申请领购发票,主管税务机关向其发放发票领用簿。

(二)申请办理发票领购资格提供的资料

办理发票领购资格需携带以下资料:纳税人领用发票票种核定表、加载统一社会信用代码的营业执照或登记证件原件、发票专用章印模（首次核定时提供）、经办人身份证明原件。

二、发票的领购

（一）发票票种核定

纳税人在申请领用发票之前需要到税务机关进行发票票种核定。进行发票票种核定，纳税人必须提供有关证件，包括纳税人领用发票票种核定表、加载统一社会信用代码的营业执照或登记证件原件、发票专用章印模（首次核定时提供）、经办人身份证明原件，见表7-1。

表 7-1 报送资料

序号	材料名称
1	《纳税人领用发票票种核定表》
2	加载统一社会信用代码的营业执照或登记证件原件
3	发票专用章印模
4	经办人身份证明原件

（二）发票领用

纳税人根据实际生产经营需要，在税务机关核定的范围内领用发票。需提供的证件见表7-2。

表 7-2 报送资料

序号	材料名称
1	经办人身份证明原件
2	发票领用簿

（三）纳税人注意事项

（1）纳税人对报送资料的真实性和合法性承担责任。

（2）纳税人在资料完整且符合法定受理条件的前提下，最多只需要到税务机关跑一次。

（3）资料齐全、符合法定形式、填写内容完整的，增值税普通发票票种核定可即时办结。

（4）需要开具增值税专用发票的纳税人，还要进行增值税一般纳税人登记，经税务机关审批增值税专用发票最高开票限额后，领用增值税专用发票。已纳入增值税小规模纳税人自行开具增值税专用发票试点范围的纳税人，可以不办理增值税一般纳税人登记手续，经税务机关审批增值税专用发票最高开票限额后，领用增值税专用发票。

【任务实施】

（1）完成实习会计基础与认知（CMAC一级）配套章节练习。

（2）完成实习会计基础与认知（CMAC一级）平台任务（参考CMAC试题操作指南）。

任务三　学习发票的开具和保管

【任务描述】

（1）了解开具发票的基本规定；

（2）熟悉发票的开具时间；

（3）了解发票的保管。

【知识储备】

一、开具发票的基本规定

（1）增值税一般纳税人，在销售货物、提供加工修理修配劳务和发生应税行为时，使用新系统开具增值税专用发票、增值税普通发票、机动车销售统一发票、增值税电子普通发票。

纳入新系统推行范围的小规模纳税人，使用新系统开具增值税普通发票、机动车销售统一发票、增值税电子普通发票。

纳入增值税小规模纳税人自开增值税专用发票试点的小规模纳税人需要开具增值

税专用发票的，可以通过新系统自行开具，主管税务机关不再为其代开。纳入增值税小规模纳税人自开增值税专用发票试点的小规模纳税人销售其取得的不动产，需要开具增值税专用发票的，仍须向税务机关申请代开。

（2）销售商品、提供服务以及从事其他经营活动的单位和个人，对外发生经营业务收取款项，收款方应当向付款方开具发票；特殊情况下，由付款方向收款方开具发票。

所有单位和从事生产、经营活动的个人在购买商品、接受服务以及从事其他经营活动支付款项，应当向收款方取得发票。取得发票时，不得要求变更品名和金额。

（3）增值税纳税人购买货物、劳务、服务、无形资产或不动产，索取增值税专用发票时，须向销售方提供购买方名称（不得为自然人）、纳税人识别号或统一社会信用代码、地址电话、开户行及账号信息，不需要提供营业执照、税务登记证、组织机构代码证、开户许可证、增值税一般纳税人资格登记表等相关证件或其他证明材料。

个人消费者购买货物、劳务、服务、无形资产或不动产，索取增值税普通发票时，不需要向销售方提供纳税人识别号、地址电话、开户行及账号信息，也不需要提供相关证件或其他证明材料。

（4）纳税人应在发生增值税纳税义务时开具发票。

（5）单位和个人在开具发票时，必须做到按照号码顺序填开，填写项目齐全，内容真实，字迹清楚，全部联次一次打印，内容完全一致，并在发票联和抵扣联加盖发票专用章。

开具发票应当使用中文。民族自治地方可以同时使用当地通用的一种民族文字。

（6）税务总局编写了《商品和服务税收分类与编码（试行）》，并在新系统中增加了商品和服务税收分类与编码相关功能。使用新系统的增值税纳税人，应使用新系统选择相应的商品和服务税收分类与编码开具增值税发票。

（7）纳税人应在互联网连接状态下在线使用新系统开具增值税发票，新系统可自动上传已开具的发票明细数据。

纳税人因网络故障等原因无法在线开票的，在税务机关设定的离线开票时限和离线开具发票总金额范围内仍可开票，超限将无法开具发票。纳税人开具发票次月仍未连通网络上传已开具发票明细数据的，也将无法开具发票。纳税人需连通网络上传发票数据后方可开票，若仍无法连通网络的需携带专用设备到税务机关进行征期报税或非征期报税后方可开票。

纳税人已开具未上传的增值税发票为离线发票。离线开票时限是指自第一份离线发票开具时间起开始计算可离线开具的最长时限。离线开票总金额是指可开具离线发票的累计不含税总金额，离线开票总金额按不同票种分别计算。

纳税人离线开票时限和离线开票总金额的设定标准及方法由各省、自治区、直辖市和计划单列市税务局确定。

按照有关规定不使用网络办税或不具备网络条件的特定纳税人，以离线方式开具发票，不受离线开票时限和离线开具发票总金额限制。

（8）任何单位和个人不得有下列虚开发票行为：

1）为他人、为自己开具与实际经营业务情况不符的发票。

2）让他人为自己开具与实际经营业务情况不符的发票。

3）介绍他人开具与实际经营业务情况不符的发票。

（9）取得增值税发票的单位和个人可登录全国增值税发票查验平台，对新系统开具的增值税专用发票、增值税普通发票、机动车销售统一发票和增值税电子普通发票的发票信息进行查验。单位和个人通过网页浏览器首次登录平台时，应下载安装根证书文件，查看平台提供的发票查验操作说明。

（10）一般纳税人有下列情形之一的，不得使用增值税专用发票：

1）会计核算不健全，不能向税务机关准确提供增值税销项税额、进项税额、应纳税额数据及其他有关增值税税务资料的。上列其他有关增值税税务资料的内容，由省、自治区、直辖市和计划单列市税务局确定。

2）应当办理一般纳税人资格登记而未办理的。

3）有《中华人民共和国税收征收管理法》规定的税收违法行为，拒不接受税务机关处理的。

4）有下列行为之一，经税务机关责令限期改正而仍未改正的：

①虚开增值税专用发票；

②私自印制增值税专用发票；

③向税务机关以外的单位和个人买取增值税专用发票；

④借用他人增值税专用发票；

⑤未按《增值税专用发票使用规定》第11条开具增值税专用发票；

⑥未按规定保管增值税专用发票和专用设备；

⑦未按规定申请办理防伪税控系统变更发行；

⑧未按规定接受税务机关检查。

有上列情形的，如已领取增值税专用发票，主管税务机关应暂扣其结存的增值税专用发票和税控专用设备。

（11）属于下列情形之一的，不得开具增值税专用发票：

1）向消费者个人销售货物、提供应税劳务或者发生应税行为的。

2）销售货物、提供应税劳务或者发生应税行为适用增值税免税规定的，法律、法规及国家税务总局另有规定的除外。

3）部分适用增值税简易征收政策规定的：

①增值税一般纳税人的单采血浆站销售非临床用人体血液选择简易计税的。

②纳税人销售旧货，按简易办法依3%征收率减按2%征收增值税的。

③纳税人销售自己使用过的固定资产，适用按简易办法依3%征收率减按2%征收增值税政策的。

纳税人销售自己使用过的固定资产，适用简易办法依照3%征收率减按2%征收增值税政策的，可以放弃减税，按照简易办法依照3%征收率缴纳增值税，并可以开具增值税专用发票。

④法律、法规及国家税务总局规定的其他情形。

（12）增值税专用发票应按下列要求开具。

1）项目齐全，与实际交易相符。

2）字迹清楚，不得压线、错格。

3）发票联和抵扣联加盖发票专用章。

4）按照增值税纳税义务的发生时间开具。

不符合上列要求的增值税专用发票，购买方有权拒收。

（13）一般纳税人销售货物、提供加工修理修配劳务和发生应税行为可汇总开具增值税专用发票。汇总开具增值税专用发票的，同时使用新系统开具《销售货物或者提供应税劳务清单》，并加盖发票专用章。

（14）纳税人丢失增值税专用发票的，按以下方法处理：

一般纳税人丢失已开具增值税专用发票的抵扣联，如果丢失前已认证相符的，可使用增值税专用发票发票联复印件留存备查，如果丢失前未认证的，可使用增值税专用发票发票联认证，增值税专用发票发票联复印件留存备查。

一般纳税人丢失已开具增值税专用发票的发票联，可将增值税专用发票抵扣联作为记账凭证，增值税专用发票抵扣联复印件留存备查。

一般纳税人丢失已开具增值税专用发票的发票联和抵扣联，如果丢失前已认证相符的，购买方可凭销售方提供的相应增值税专用发票记账联复印件及销售方主管税务机关出具的《丢失增值税专用发票已报税证明单》或《丢失货物运输业增值税专用发票已报税证明单》（以下统称《证明单》），作为增值税进项税额的抵扣凭证；如果丢失前未认证的，购买方凭销售方提供的相应增值税专用发票记账联复印件进行认证，认证相符的可凭增值税专用发票记账联复印件及销售方主管税务机关出具的《证明单》，作为增值税进项税额的抵扣凭证。增值税专用发票记账联复印件和《证明单》留存备查。

（15）纳税人在开具增值税专用发票当月，发生销货退回、开票有误等情形，收到退回的发票联、抵扣联符合作废条件的，按作废处理；开具时发现有误的，可即时作废。

作废增值税专用发票须在新系统中将相应的数据电文按"作废"处理，在纸质增值税专用发票（含未打印的增值税专用发票）各联次上注明"作废"字样，全联次留存。

同时具有下列情形的，为本条所称作废条件：

1）收到退回的发票联、抵扣联，且时间未超过销售方开票当月。

2）销售方未抄税且未记账。

3）购买方未认证，或者认证结果为"纳税人识别号认证不符""增值税专用发票代码、号码认证不符"。

（16）纳税人开具增值税专用发票后，发生销货退回、开票有误、应税服务中止等情形但不符合发票作废条件，或者因销货部分退回及发生销售折让，需要开具红字增值税专用发票的，按以下方法处理：

1）购买方取得增值税专用发票已用于申报抵扣的，购买方可在新系统中填开并上传《开具红字增值税专用发票信息表》（以下简称《信息表》），在填开《信息表》时不填写相对应的蓝字增值税专用发票信息，应暂依《信息表》所列增值税税额从当期进项税额中转出，待取得销售方开具的红字增值税专用发票后，与《信息表》一并作为记账凭证。

购买方取得增值税专用发票未用于申报抵扣、但发票联或抵扣联无法退回的，购买方填开《信息表》时应填写相对应的蓝字增值税专用发票信息。

销售方开具增值税专用发票尚未交付购买方，以及购买方未用于申报抵扣并将发票联及抵扣联退回的，销售方可在新系统中填开并上传《信息表》。销售方填开《信息表》时应填写相对应的蓝字增值税专用发票信息。

2）主管税务机关通过网络接收纳税人上传的《信息表》，系统自动校验通过后，生成带有"红字发票信息表编号"的《信息表》，并将信息同步至纳税人端系统中。

3）销售方凭税务机关系统校验通过的《信息表》开具红字增值税专用发票，在新系统中以销项负数开具。红字增值税专用发票应与《信息表》一一对应。

4）纳税人也可凭《信息表》电子信息或纸质资料到税务机关对《信息表》内容进行系统校验。

（17）纳税人开具增值税普通发票后，如发生销货退回、开票有误、应税服务中止等情形但不符合发票作废条件，或者因销货部分退回及发生销售折让，需要开具红字发票的，应收回原发票并注明"作废"字样或取得对方的有效证明。

纳税人需要开具红字增值税普通发票的，可以在所对应的蓝字发票金额范围内开具多份红字发票。红字机动车销售统一发票需与原蓝字机动车销售统一发票一一对应。

二、发票的开具时间

一般纳税人必须按规定的时限开具专用发票。
（1）采用预收货款、托收承付、委托银行收款结算方式的，为货物发出的当天。
（2）采用交款提货结算方式的，为收到货款的当天。
（3）采用赊销、分期付款结算方式的，为合同约定的收款日期的当天。
（4）将货物交付他人代销，为收到委托人送交的代销清单的当天。
（5）设有两个以上机构并实行统一核算的纳税人，将货物从一个机构移送其他机构用于销售，按规定应当征收增值税，为货物移送的当天。
（6）将货物作为投资提供给其他单位或个体经营者，为货物移送的当天。
（7）将货物分配给股东，为货物移送的当天。

三、发票的保管

开具发票的单位和个人应当建立发票使用登记制度，设置发票登记簿，并定期向主管税务机关报告发票使用情况。开具发票的单位和个人应当在办理变更或者注销税务登记的同时，办理发票和发票领购簿的变更、缴销手续。开具发票的单位和个人应当按照税务机关的规定存放和保管发票，不得擅自损毁。已经开具的发票存根联和发票登记簿，应当保存5年。保存期满，报经税务机关查验后销毁。

【任务实施】
（1）完成实习会计基础与认知（CMAC一级）配套章节练习。
（2）完成实习会计基础与认知（CMAC一级）平台任务（参考CMAC试题操作指南）。

任务四　了解发票管理的法律责任

【任务描述】
（1）了解违反发票管理法规的具体行为；
（2）熟悉违反发票管理法规的相应处罚。

【知识储备】

一、违反发票管理法规的具体行为

违反发票管理法规的具体行为有：

（一）未按规定印制发票

（1）未经省级税务机关批准，而私自印制发票。
（2）伪造、私刻发票监制章，伪造、变造发票防伪专用品。
（3）印制发票的企业未按《发票印制通知书》印制发票，转借、转让发票监制章和发票防伪专用品。
（4）印制发票的企业未按规定保管发票成品、发票防伪专用品、发票监制章，以及未按规定销毁废品而造成流失。
（5）用票单位私自印制发票。
（6）未按国家税务机关的规定制定印制发票管理制度。
（7）其他未按规定印制发票的行为。

（二）未按规定领购发票

（1）向国家税务机关或国家税务机关委托单位以外的单位和个人取得发票。
（2）私售、倒买倒卖发票。
（3）贩卖、窝藏假发票。
（4）借用他人发票。
（5）盗取（用）发票。

（6）私自向未经国家税务机关批准的单位和个人提供发票。

（7）其他未按规定取得发票的行为。

（三）未按规定填开发票

（1）单联填开或上下联金额、内容不一致。

（2）填写项目不齐全。

（3）涂改、伪造、变造发票。

（4）转借、转让、代开发票。

（5）未经批准拆本使用发票。

（6）虚构经济业务活动，虚填发票。

（7）填开票物不符发票。

（8）填开作废发票。

（9）未经批准，跨县（市）填开发票。

（10）以其他票据或白条代替发票填开。

（11）扩大专用发票填开范围。

（12）未按规定填报《发票领购用存申报表》。

（13）未按规定设置发票领购用存登记簿。

（14）其他未按规定填开发票的行为。

（四）未按规定取得发票

（1）应取得而未取得发票。

（2）取得不符合规定的发票。

（3）专用发票只取得记账联或只取得抵扣联的。

（4）取得发票时，要求开票方或自行变更品名、金额或增值税税款。

（5）擅自填开发票入账。

（6）其他未按规定取得发票的行为。

（五）未按规定保管发票

（1）丢失发票。

（2）损（撕）毁发票。

（3）丢失或擅自销毁发票存根联。

（4）未按规定缴销发票。

（5）印制发票的企业丢失发票或发票监制章及发票防伪专用品等。

（6）未按规定建立发票管理制度。

（7）未按国家税务机关规定设专人保管专用发票。

（8）未按国家税务机关规定设置专门存放专用发票的场所。

（9）未经国家税务机关查验擅自销毁专用发票的基本联次。

（10）其他未按规定保管发票的行为。

（六）未接受税务机关检查

（1）拒绝检查、隐瞒真实情况。

（2）刁难、阻挠税务人员进行检查。

（3）拒绝接受《发票换票证》。

（4）其他未按规定接受国家税务机关检查的行为。

（七）应承担刑事责任的违法行为

（1）虚开增值税专用发票的。虚开是指为他人虚开、为自己虚开、让他人自己虚开、介绍他人虚开增值税专用发票行为之一的。

（2）伪造或出售伪造的增值税专用发票的。

（3）非法出售增值税专用发票的。

（4）非法购买增值税专用发票或者购买伪造的增值税专用发票的。

（5）虚开用于骗取出口退税、抵扣税款的其他发票的。

（6）伪造、擅自制造或者出售伪造、擅自制造的可以用于骗取出口退税、抵扣税款的其他发票的，以及以营利为目的，伪造、擅自制造或者出售伪造、擅自制造的上述规定以外的其他发票的。

（7）非法出售可以用于骗取出口退税、抵扣税款的其他发票的，以及以营利为目的，非法出售上述规定以外的其他发票的。

（8）盗窃增值税专用发票或者其他发票的。

二、相应处罚

有上述（一）~（六）中之一行为的单位和个人，由国家税务机关责令限期改正，没收非法所得，并处 10 000 元以下的罚款。有所列两种或者两种以上行为的，可以分别处罚。

非法携带、邮寄、运输或者存放空白发票的，由国家税务机关收缴发票，没收非法所得，并处 10 000 元以下的罚款。

私自印制、伪造变造、倒买倒卖发票，私自制作发票监制章、发票防伪专用品的，由国家税务机关依法查封、扣押或者销毁，没收非法所得和作案工具，并处 10 000 元以上 50 000 元以下的罚款，构成犯罪的，由司法机关依法追究刑事责任。

违反发票管理法规，导致纳税人、扣缴义务人以及其他单位或个人未缴、少缴或者骗取税款的，由国家税务机关没收非法所得，并处未缴、少缴或者骗取税款一倍以下的罚款外，还对纳税人、扣缴义务人以及其他单位或者个人进行依法查处。

有上述（七）中之一行为的单位和个人，应当承担刑事责任。

【任务实施】

（1）完成实习会计基础与认知（CMAC 一级）配套章节练习。

（2）完成实习会计基础与认知（CMAC 一级）平台任务（参考 CMAC 试题操作指南）。

【知识拓展】

发票填写

发票可在增值税发票管理新系统中开具，也可在非增值税发票管理新系统中开具。其中，通过增值税发票管理新系统可开具增值税专用发票、增值税普通发票（联式、卷式）、增值税电子普通发票和机动车销售统一发票；不通过增值税发票管理新系统开具的有通用机打发票（联式、卷式）、通用定额发票、客运发票、通行费发票、出租车发票、门票、火车票、机票行程单、二手车销售统一发票和冠名发票。

一、通用机打发票

通用机打发票需要填写购买方名称，可以不填写纳税人识别号，如图 7-11 和图 7-12 所示。

图 7-11　通用机打发票（联式）

图 7-12　通用机打发票（卷式）

二、火车票

火车票比较特殊。火车票为固定样式，不用填写，如图 7-13 所示。它实际上是作为一种专业发票的特殊形式存在的。

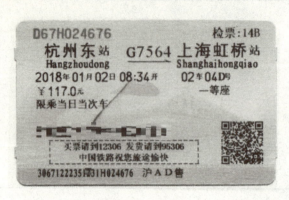

图 7-13　火车票

三、机票行程单

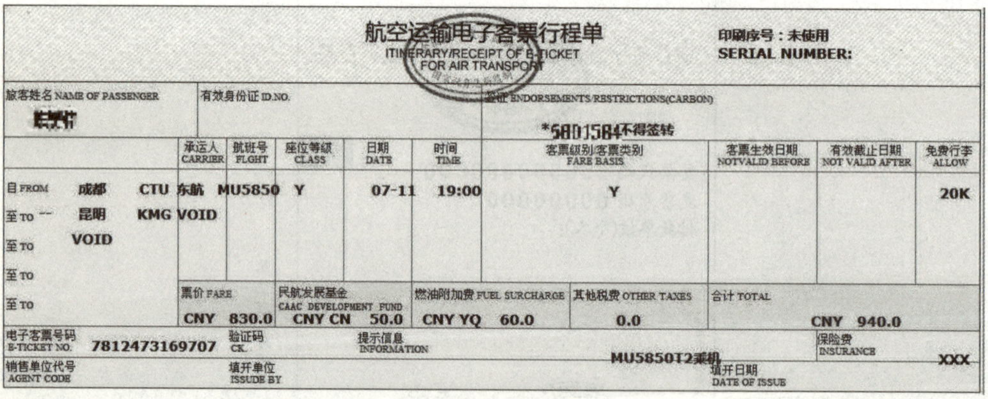

图 7-14　机票行程单

机票行程单也是作为一种专业发票的特殊形式存在的，可将其作为一种有效发票或者说一类普通发票来进行税务处理，如图 7-14 所示。

因此类发票本身没有设置购买方纳税人识别号这个栏目，所以暂不受国家税务总局 2017 年 16 号公告约束，无须填写纳税人识别号一栏。

四、冠名发票

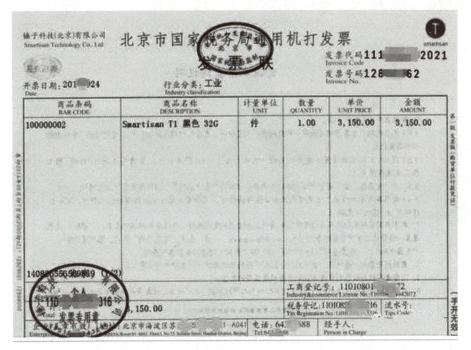

图 7-15　冠名发票

冠名发票是指直接在发票上印制使用单位名称的发票，如图 7-15 所示。此类发票不同之处就是冠名，其实质还是可分类为通用机打发票、通用定额发票、增值税电子普通发票等。